夕ぐれのイスタンブールの歴史地区。ガラタ橋の奥には、イェニ・ジャーミィとアヤ・ソフィアが見える。

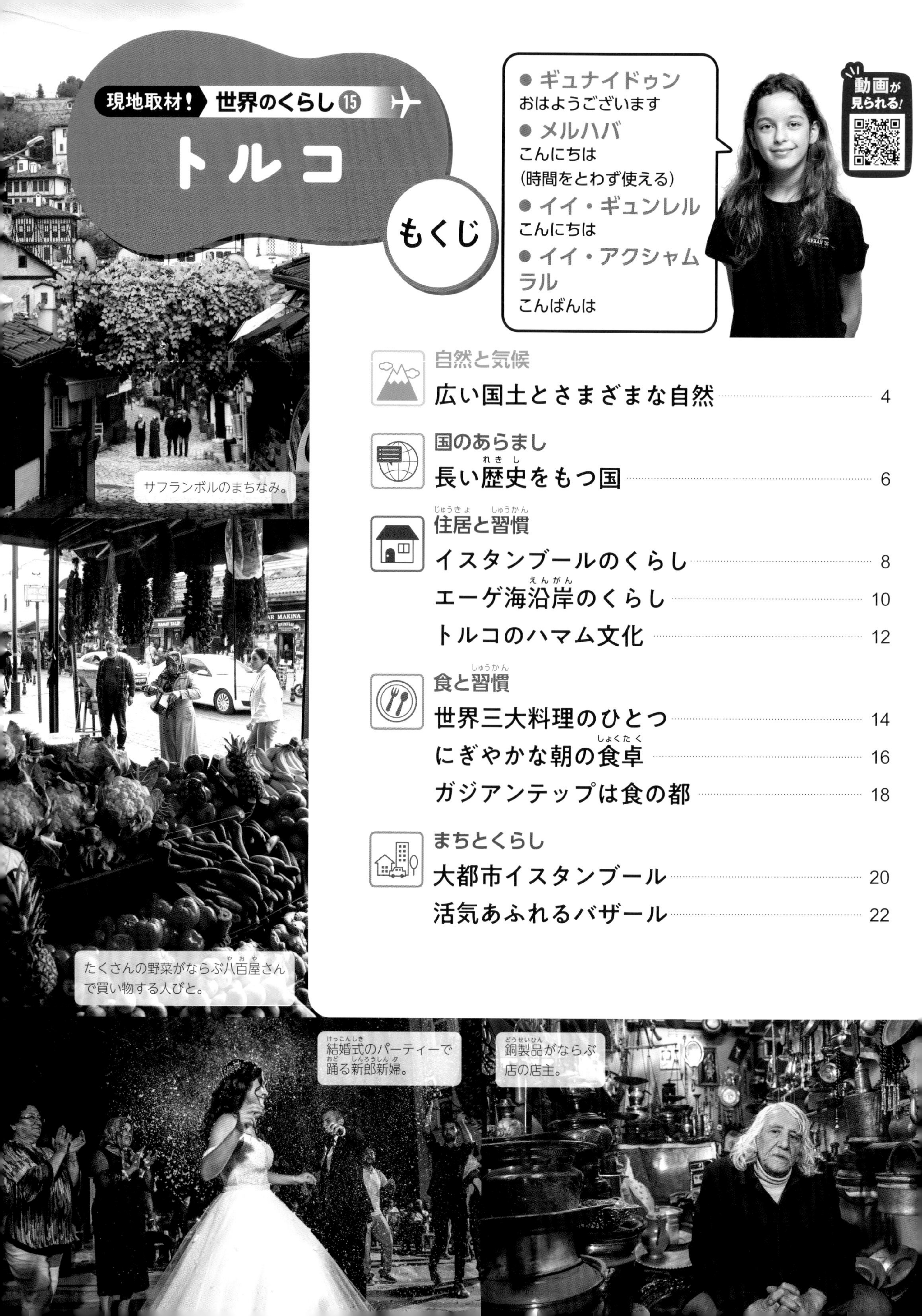

現地取材！ 世界のくらし ⑮

トルコ

もくじ

● ギュナイドゥン
おはようございます
● メルハバ
こんにちは
(時間をとわず使える)
● イイ・ギュンレル
こんにちは
● イイ・アクシャムラル
こんばんは

動画が見られる！

サフランボルのまちなみ。

たくさんの野菜がならぶ八百屋さんで買い物する人びと。

結婚式のパーティーで踊る新郎新婦。

銅製品がならぶ店の店主。

トルコと周辺の国ぐに

▲サフランボルは、シルクロードの宿場町として14～17世紀ごろに栄えた商業都市。土壁に木の窓枠がついた伝統家屋は100～200年前に建てられた。

トルコの世界遺産

トルコでは、2023年現在、次の21件が世界遺産として登録されている。

- イスタンブール歴史地域
- ギョレメ国立公園とカッパドキアの岩窟群
- ディヴリーイの大モスクと病院
- ハットゥシャ：ヒッタイトの首都
- ネムルット・ダー
- クサントス-レトーン
- ヒエラポリス-パムッカレ
- サフランボル市街
- トロイの古代遺跡
- セリミエ・モスクと複合施設群
- チャタルホユックの新石器時代遺跡群
- ブルサとジュマルクズック：オスマン帝国発祥の地
- ペルガモンとその重層的な文化的景観
- ディヤルバクル城塞とエヴセル庭園の文化的景観
- エフェソス
- アニの古代遺跡
- アフロディシアス
- ギョベクリ・テペ
- アルスランテペの遺丘
- ゴルディオン
- 中世アナトリアの木造多柱式モスク群

◀エフェソス遺跡はヘレニズム時代、ローマ帝国時代、初期キリスト教時代の遺跡を残す。セルシウス（ケルスス）図書館は古代三大図書館のひとつに数えられている。

現地取材！ 世界のくらし ⑮

トルコ

文・写真：東海林美紀　監修：イナン・オネル

◀こちらのサイトにアクセスすると、本書に掲載していない写真や、関連動画を見ることができます。

湖水地方の草むらで牛の世話をする女性。

イスタンブールの新市街のようす。

3Dメガネをかけて遊ぶ子どもたち。

古い教会が残るミディヤットの旧市街。

自然と気候

広い国土とさまざまな自然

地中海沿岸にあるカシュの入江。手前にはオリーブの木がしげっている。エーゲ海沿岸は、オリーブやブドウの栽培がさかんで、ワインの生産もおこなわれている。

沿岸部と内陸部でことなる気候

トルコは、アジアとヨーロッパにまたがる国です。ボスポラス海峡とその南のダーダネルス海峡にへだてられ、アジア側をアナトリア、ヨーロッパ側をトラキアといいます。アナトリアが国土の約97%、トラキアが残りの約3%を占めています。

国土は日本の約2倍の大きさで、まわりを地中海やエーゲ海、黒海に囲まれています。地中海はヨーロッパ大陸、アフリカ大陸、アジア大陸に囲まれた広い海のことで、ギリシャ本土、クレタ島、トルコに囲まれた一部の海域がエーゲ海です。エーゲ海の沿岸部は地中海性気候で、夏は乾燥して暑く、冬は温暖で雨が多く降ります。アナトリアの内陸地方は夏と冬の気温差が大きく、降水量も少ない乾燥気候です。黒海沿岸は1年を通じて雨が降ります。このように、沿岸部と内陸部で気候は大きくちがいます。

東西にいくつもの山脈が走っていて、河川は黒海、マルマラ海、地中海に流れこんでいます。南東部には、ペルシャ湾に注ぐチグリス・ユーフラテス川の上流や支流が流れています。この一帯は、メソポタミア文明がおこったところで、人類最古の定住遺跡といわれる、チャタルホユック遺跡があります。

▲トルコ中部のカッパドキアにあるキノコのような形の奇岩群。火山が噴火して堆積した火山灰や溶岩が凝灰岩層を形成し、長いあいだの風化や侵食によってこのような景観が生まれた。

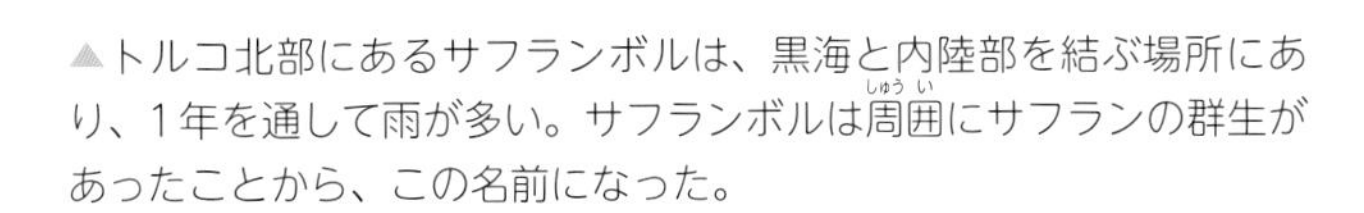

▲トルコ北部にあるサフランボルは、黒海と内陸部を結ぶ場所にあり、1年を通して雨が多い。サフランボルは周囲にサフランの群生があったことから、この名前になった。

▲トルコ語で、「綿の城」を意味するパムッカレは、温泉の成分で真っ白な石灰岩が階段のようになった段丘。

▲アンタルヤは地中海に面したトルコで5番目に大きな都市で、夏は高温になる。ビーチには海水浴を楽しむ多くの人が集まる。

▶カッパドキアはカボチャの産地で、初秋には収穫したカボチャから種をとり、乾燥させて味つけをする。

◀湖水地方でたくさん栽培されているベニバナ。

ここに注目!

トルコの国花 チューリップ

チューリップの原産地はアナトリアから中央アジアにかけての地域で、オスマン帝国の時代にさかんに栽培されました。16世紀にオーストリアの使節がオランダなどのヨーロッパに伝えたとされています。18世紀は「チューリップ時代」ともいわれ、多くの品種が開発されました。

◀チューリップは、タイルのモチーフとしてもよくえがかれる。

▲今では、数千種もの品種があるとされるチューリップ。

▲チューリップが植えられた公園には、春になると多くの人が訪れる。

長い歴史をもつ国

ボスポラス海峡をフェリーがいそがしく行き来する。「東と西を結ぶかけはし」ともいわれるイスタンブールは、東西の貿易の中継地として、さまざまな文化の影響を受けてきた。

さまざまな文化が息づく

アジア、ヨーロッパ、中東、アフリカに囲まれたトルコは、古くから多くの民族が行きかい、さまざまな文明と文化がまじりあってきました。ヒッタイト、ペルシャ、古代ギリシャ、ヘレニズム、ローマ、ビザンツ、オスマンなど、各帝国の影響を受けながら、独自の文化をはぐくんできました。交易のさかんなエーゲ海沿岸には古代の遺跡も多く残されています。

トルコの総人口は日本よりも少ない約8500万人ですが、最大都市のイスタンブールの人口は約1600万人で、東京の人口約1400万人よりも多くなっています。テュルク（トルコ）系の人びとが多くを占め、その起源は中央アジアの遊牧民だといわれています。そのほかに、クルド系、アラブ系、ギリシャ系、アルメニア系、スラブ系などの人びとがいます。公用語はトルコ語ですが、日常的にクルド語やアラビア語なども話されています。

トルコが建国された1923年にイスタンブールにかわり首都となったアンカラは、人口は約580万人で、多くの政府機関と大学がある政治と学術の中心地です。古くから東西貿易の隊商都市として栄えましたが、首都に制定されてからは、ヨーロッパの技術を取り入れて都市化され、トルコの近代化を象徴する都市となりました。

▲アンカラ市街を見わたせる丘の上にあるアタテュルク廟。ムスタファ・ケマルが葬られている。

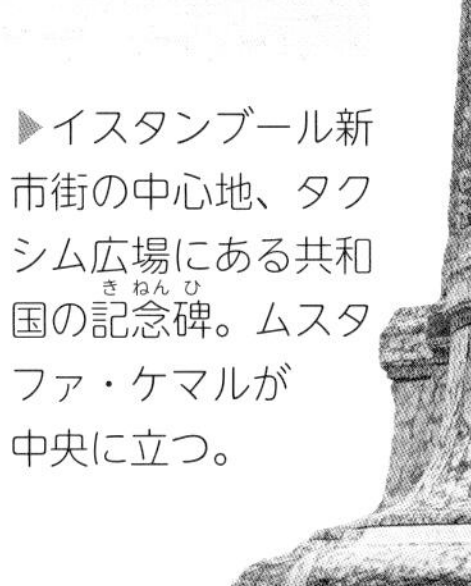

▶イスタンブール新市街の中心地、タクシム広場にある共和国の記念碑。ムスタファ・ケマルが中央に立つ。

政教分離の寛容な国

トルコの初代大統領はムスタファ・ケマルで、「トルコ人の父」という意味の「アタテュルク」の名前でもよばれています。ケマルは大統領になると、首都をアンカラに制定し、それまで使われてきたアラビア文字を廃止しました。トルコの国民のほとんどがイスラム教徒ですが、ケマルはイスラム世界としてはじめて共和制を取り入れ、政治と宗教を分ける政教分離を進めました。そのため現在は、イスラム教徒であっても、女性はスカーフをかぶってもかぶらなくてもよいとされ、お酒を飲む人も飲まない人もいます。また、断食をおこなうかどうかも個人の自由とされています。

▲もともとはギリシャ正教の大聖堂としてイスタンブールに建てられたアヤ・ソフィアは、さまざまな帝国や宗教に利用され、オスマン帝国の征服によりモスクにすがたをかえた。その後は、宗教的に中立な博物館となり、ユネスコの世界遺産にも登録された。

ここに注目!

目玉もようの伝統的なお守り

▲赤ちゃんが「かわいい」とほめられすぎて邪視が当たらないように、赤ちゃんの産着にピンをつける。

トルコでは、昔からねたみや悪意に満ちた他人の視線（邪視）が災いをもたらすと考えられています。そうした邪視から身を守るものとして、ナザール・ボンジュウというお守りがあります。ナザールはトルコ語で「災いの目」、ボンジュウは「ビーズ」を意味しています。トルコでは古くから、自宅の玄関や室内、車の中、赤ちゃんや家畜にまでこのお守りが使われてきました。今でも伝統的な文化や芸術の一部として、トルコの人びとに大切にされています。

▲ナザール・ボンジュウ。青い色は、中東や地中海沿岸では、昔から希少で神聖な色だったといわれている。

住居と習慣①

イスタンブールのくらし

デフネさんがくらすイスタンブール中心地にある住宅地。となりの建物とのあいだにすき間なく、アパートメントがびっしりとたちならぶ。通りには、カフェやレストラン、ギャラリーが多く、いつもたくさんの人でにぎわっている。

大都市のアパートメント

9歳のデフネさんは、イスタンブールの中心にあるにぎやかな住宅街にくらしています。弟のジャンさん(4歳）といっしょに通っている私立の小学校は遠いので、毎日早い時間に家を出て、スクールバスで登校しています。

イスタンブールのまちなかでは、一軒家ではなく、アパートメントが一般的です。トルコは、日本と同じく、玄関でくつをぬいでから家の中に入ります。玄関と家のろうかに段差がないのが一般的です。

学校の休みは土曜日と日曜日ですが、土曜日はクラブ活動が入ることもあります。また、近くにくらしているおじいさんとおばあさんの家によく遊びにいきます。絵をかくこととダンスが大好きで、ダンス教室にも通っています。

▲お父さんと弟、お手伝いさんとアパートメントの2階に住んでいる。

◀玄関のドアを開けると、すぐ横にくつ箱がある。

▲学校から帰ると、弟とテレビでアニメを見る。

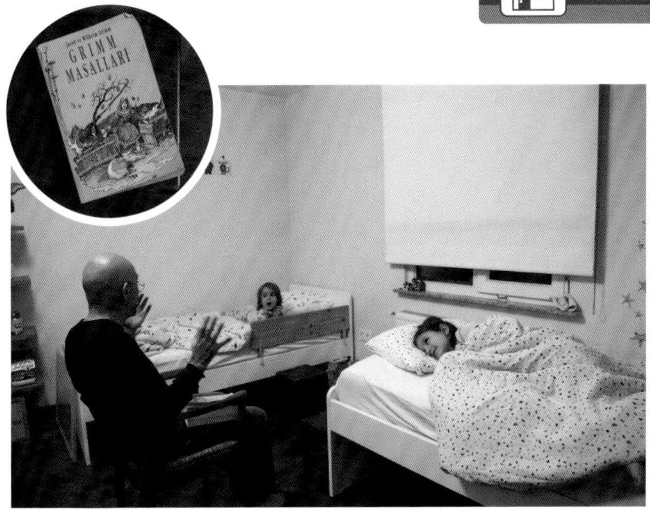

▲ねる前はお父さんがグリム童話を読んでくれる。

▲今日の夕食のメニューは魚。魚の骨をとるのがちょっと苦手だ。

▲子ども部屋でお気に入りの着せかえ人形をならべるデフネさん。

デフネさんの1日

弟のジャンさんといっしょに学校から帰ると、手洗いをしてから顔を洗います。学校で汗をかいたときには、シャワーを浴びて髪も洗います。トルコではシャワールームに浴槽がついていることもありますが、シャワーだけですますことがほとんどです。

夕食は、お父さんとお手伝いさんがつくってくれます。夕食が終わると、学校の宿題をして、果物などのおやつを食べてから歯をみがきます。ベッドに入る前に、次の日の学校のしたくをして、着ていく洋服をクローゼットから出してハンガーにかけます。ねる前に、お父さんが読んでくれるグリム童話が大好きです。

▲大好きなウサギのお面をつけているデフネさん。

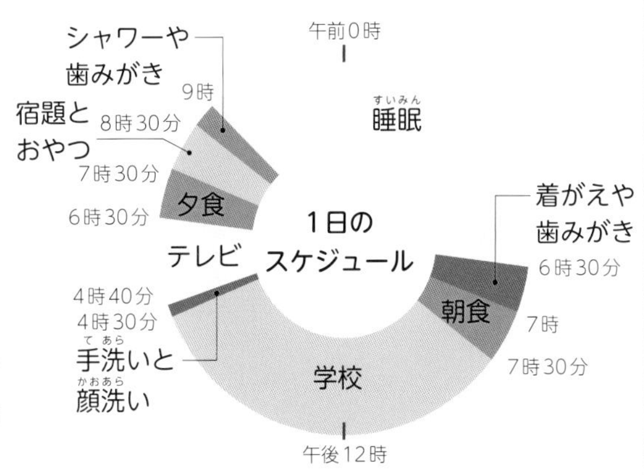

▲ねる前にシャワーを浴びて歯をみがく。

▲宿題でわからないところがあったら、お父さんに教えてもらう。

エーゲ海沿岸のくらし

海ぞいのアパートメント

エーゲ海に面したアルティノルクは、地中海性気候で、オリーブ生産で有名なまちです。海ぞいにある家はテラスやバルコニーがあることが多く、庭にはオレンジやザクロの木が植えられています。村では、石づくりの一軒家がほとんどです。おじいさんやおばあさんとくらす家族も多くいます。夏のあいだや休日に滞在するためのサマーハウスも多くあり、エーゲ海をのぞむ美しい景観とゆっくりした時間を求めて、イスタンブールなどから訪れる人もいます。

▲エメラルドグリーンの海が広がる。サマーハウスやボートをもっている人も多い。

▲海から山に向かって住宅地が広がっている。街路樹にはオリーブの木が多い。

アルティノルクにくらす家族。アパートメントの庭のオレンジを収穫しているところ。ザクロの木もよく庭先に植えられている。

▲たっぷりと光が差しこむキッチンで朝食のしたくをする。

▲リビングルーム。生まれて2か月になる赤ちゃんの面倒をみんなで見る。

▲キッチンのとなりのテラスでみんなで食事をする。

エーゲ海のオリーブと新鮮な魚

エーゲ海沿岸のまちでは、オリーブ、イチジク、ブドウなどの栽培がさかんです。とくにオリーブの生産が有名で、海から山にいくと、オリーブ畑が広がっています。まちなかにはオリーブオイルを売っているお店がたくさんあります。食卓にも、新鮮でおいしいオリーブオイルを使った料理がならびます。また、海のすぐそばのまちなので、魚屋さんにはいつも新鮮な魚が売られています。

▶オリーブの実。

▲長い棒を使ってオリーブの木をゆらし、実を落として収穫する。機械を使うこともある。

▶とれたての魚がならぶ魚屋さん。

▶村の農家さんはオリーブ栽培にかかわっている人がほとんど。

トルコのハマム文化

今でも続く社交の場

トルコには、日本の温泉や銭湯のような公衆浴場ハマムがあります。トルコのハマムはローマ風呂の影響を受けて独自に発展した文化で、重要な社交の場です。通常は天井がドーム型になっていて、中央にあたためられた大理石があり、そのまわりに体を洗う場所があります。トルコには温泉の出る場所もあるので、あたためられた大理石のかわりに浴槽があることもあります。また、日本のように裸にはならず、ペシュタマルという巻き布を体に巻いたり、水着を着たりして、男女別に入ります。

ハマムは、体を清潔にするためだけではなく、心と体を休める場所でもあり、人びとが集まる社交の場としても大切な場所となっています。

▲大理石の上に横になって体をあたためる。

▲イスタンブールにあるハマム。各家庭にお風呂がなかった昔は、ハマムで体を清潔にしてから、モスクにお祈りに行った。今でも、バイラム（祝日）の前にハマムに行く人もいる。

▲ハマムから上がったあとはお茶を飲んで休む。

◀ハマムに入る前と入ったあとにすごす休憩場所。2階には更衣室、1階中央には噴水がある。

ハマムには体を洗ってくれる人がいる。体をあたためたあとに、あかすりをしてから、オリーブせっけんをたっぷり泡だててマッサージをする。

◀▲体を洗うときにお湯をすくうハマムタス（ボウル）。

▼あかすり用の手袋。

▲せっけんを入れる伝統的な入れ物。

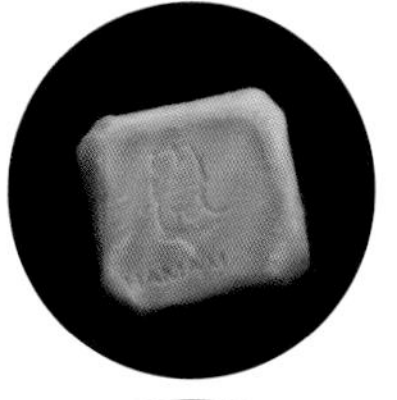

▲オリーブせっけん。

▶クレイ（粘土）を入れるボウル。クレイは全身や髪のパックに使う。

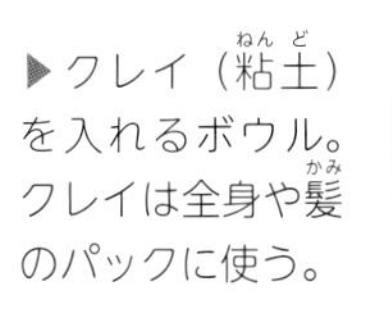

▲▶昔、ハマムで働く人がはいていたサンダル。

▲シルクの巻き布は、結婚式の前に花嫁やその友人で入るお祝いのハマムで、花嫁が使う。

▲イスタンブールのグランド・バザールのすぐ近くにあるハマム。

▲熱いお湯に水を足しながらお湯をため、ハマムタスでお湯をすくって体を洗う。

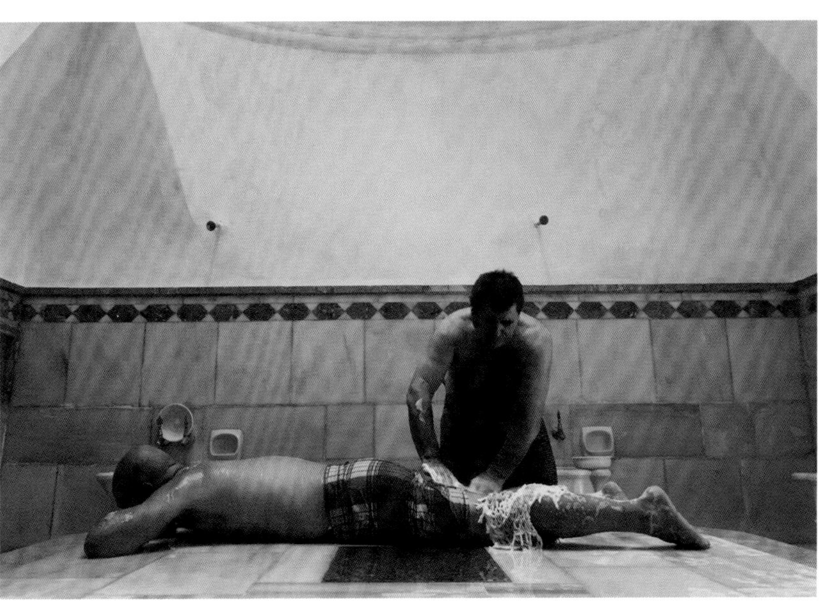

▲男性は、バシッと音を出すように体をたたきながら、豪快に体を洗う。

世界三大料理のひとつ

歴史のあるトルコ料理

トルコ料理は、フランス料理、中国料理とならんで、世界三大料理のひとつとされています。遊牧民族の料理、アジア、アフリカ、ヨーロッパ、アラブの国ぐにの影響を受けながら、独自の食文化を生みだしていきました。料理のバリエーションが豊富で、季節によっても、また地域によってもことなります。

ピデ

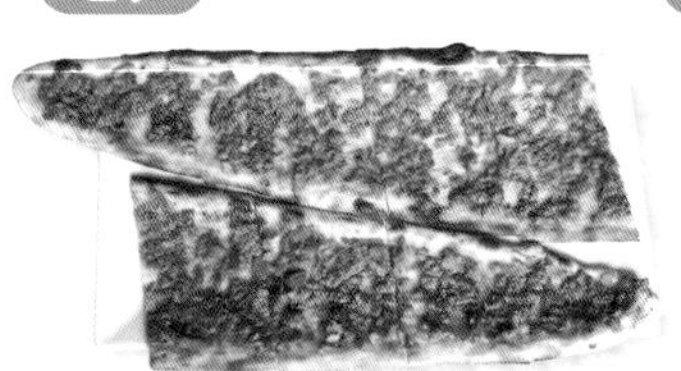

▲パンの上に卵、ひき肉、チーズなどをのせて焼いた料理。イタリアのピザの原型ともいわれる。

マントゥ

▲小麦粉でつくった皮にひき肉などの具を入れた、ギョウザのような料理。ヨーグルトソースをかけて食べる。

キャベツのサルマ

▲具をキャベツで巻き、トマトやオリーブオイルで煮こんだ、ロールキャベツのような料理で、よく家でつくられる。サルマとは、ひき肉や米などを葉物野菜で巻いた料理。

ブドウのサルマ

▲米やタマネギをいためて、ゆでたブドウの葉で巻いて煮たサルマ。冷やしてから食べる。

ピラウ

▲米にバターをたっぷり入れて炊いた米料理。

エキメッキ

▲トルコの主食はパンで、パンのことをエキメッキという。

スィミット

▲ごまをつけて焼きあげた、ドーナツの形をしたパン。朝食や軽食として食べられる。

▲スィミットを売る屋台。

アトム

▶水を切ったヨーグルトにニンニクを入れて、油で揚げた赤トウガラシを加えた前菜。

フムス

▶ヒヨコ豆をペーストにした前菜。前菜のことは、メゼとよぶ。

ボザ

▼キビを発酵させてつくる、あまずっぱい飲み物。

▼まちなかにある食堂はロカンタとよばれ、さまざまなスープやおかずがならんでいる。

▼創業150年の老舗のボザ屋さん。ボザはもともとは冬に飲まれる飲み物。

▲ドネル・ケバブは、下味をつけた羊肉のうす切りを心棒にさしてかさねていく。まわしながら横から火をあてて、焼けた表面を包丁でけずる。

ドネル・ケバブ

▲路上やロカンタで食べられる羊肉の焼肉。ピラフにそえたり、パンにはさんだりして食べる。

アイラン

▲塩味のきいた飲むヨーグルトで、よく肉料理といっしょに飲まれる。

キョフテ

▼ひき肉とスパイス、タマネギなどをこねて焼いたハンバーグ。

チー・キョフテ

▲ひきわりの小麦（ブルグル）と生肉をこねて、形をととのえた料理。肉を使わずにつくることもある。

カラマル・タワ

▼イカのフライ。タルタルソースをつけて食べる。

ヒヨコ豆の煮こみ

▶ヒヨコ豆をトマトや赤パプリカを発酵させた調味料で煮た料理。牛肉を入れたものはエトリ・ノフットといい、日本のカレーのような家庭料理の定番。

メルジメッキ・チョルバス

▲ヒヨコ豆のスープ。トルコ語でスープのことをチョルバという。

ハムシ・ピラウ

▲カタクチイワシを使ったピラウで、黒海地方の郷土料理。ハムシとはトルコ語でイワシのこと。

ここに注目!

チャイとトルココーヒー

紅茶はチャイとよばれ、1日に何回も飲まれています。小さなグラスに入れて、何杯も飲みます。茶葉は、黒海沿岸で栽培されています。カフェのようなチャイ屋さんや、配達専門のチャイ屋さんもあります。

トルココーヒーは、細かくひいたコーヒー豆の粉を小鍋で煮だして、そのままカップに入れて飲みます。チャイよりは飲む頻度は少なく、おもてなしの飲み物で、コーヒーといっしょに冷たい水と小さなお菓子も出されます。伝統的にはロクムというお菓子を食べます。また、カップの下のほうはドロドロしていて、その形を見て占う「コーヒー占い」もあります。

◀チャイ。

▼トルココーヒー。

にぎやかな朝の食卓

休みの日にみんなで食べる朝食は、料理の数もふえる。いろいろな野菜、卵、チーズ、ソーセージを使った、あたたかい料理と冷たい料理が一度にテーブルにならぶ。パンも欠かせない。

品数の多い朝食

トルコの食事には、パンが欠かせません。ふだん食べるのは小麦粉と塩だけでつくられたパンですが、朝食にはあまいパンを食べることもあります。パンにぬるジャムやハチミツ、白いチーズとオリーブも欠かせません。トマトやキュウリなどの生野菜もならびます。また、卵やソーセージを食べることもあります。トルコのソーセージは、ぶた肉ではなく、牛肉や羊肉でつくります。大人はチャイを飲みながら朝食を食べます。3食のなかでいちばん大切な食事は夕食で、最初に冷たい料理やスープを食べてから、あたたかい料理をしっかり食べます。

▲上の段には紅茶の葉っぱ、下の段には水を入れて沸騰させ、茶葉を蒸す。

▼蒸された茶葉にお湯を加えて、濃い紅茶をつくる。グラスに濃い紅茶を注いでから、お湯を注ぐ。

◀ピーマンなどの野菜をいため、トマトを加えて煮こみ、そこに卵を落としたスクランブルエッグのようなメネメンという料理。朝食によく食べられる。

週に一度、市場で野菜をまとめ買いする。夏のあいだはたくさんの野菜がならび、市場は活気にあふれる。

▼夏のあいだは、完熟した真っ赤なトマトが市場にならぶ。トルコの家庭料理にトマトは欠かせないもので、煮こみ料理によく使われる。

▲赤パプリカ。

▲トマトや赤パプリカは、乾燥させたり、煮つめてペーストにしたりしたもの（サルチャ）を料理に使う。

▲トマトやトウガラシなどの野菜は夏のあいだに乾燥させて、冬のあいだの料理に使う。

◀パンを焼くオーブン。

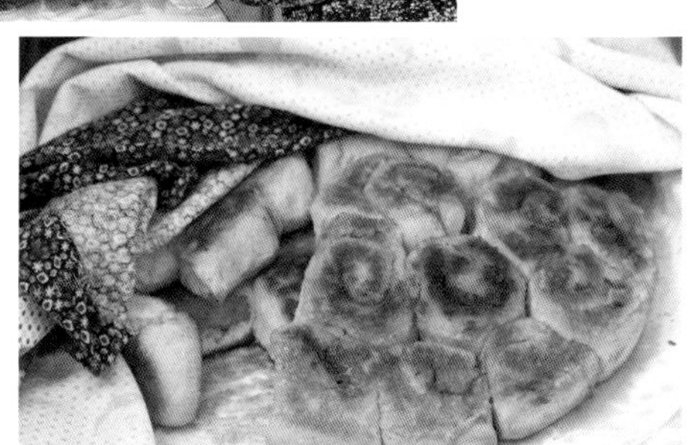

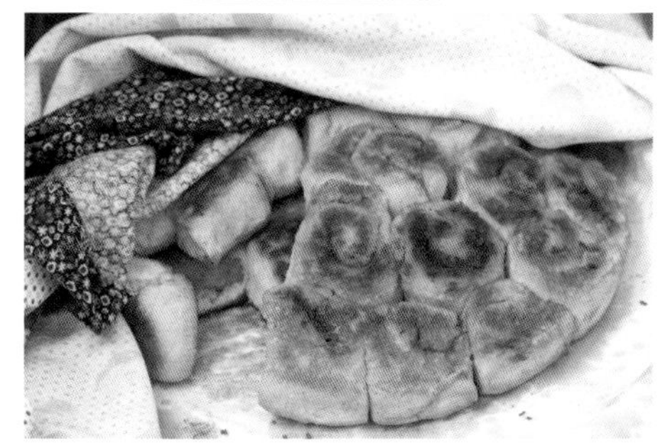

▶ごまのペーストが入ったあまいパン。

▲村の朝食。トルコでは親せきどうしのつながりが深く、とくに村ではよく家を行き来する。いっしょに農作業や料理をして、食事をとることが多い。

食と習慣③

ガジアンテップは食の都

肉を焼いた料理をケバブという。ガジアンテップでは、肉をやきとりのように串にさして炭で焼く専門店が多い。

みんながあこがれる美食のまち

トルコはそれぞれの地域に、ことなる文化や生活様式、気候によってはぐくまれた豊かな食文化があります。そのなかでも、ガジアンテップは食の都として知られ、国内外から多くの人がガジアンテップの料理を食べに訪れます。トウガラシやピスタチオの生産が有名で、シリアやアラブ料理の影響を受けながら、独自の食文化がはぐくまれてきました。

ケバブ

◀ひき肉や肉の各部位を炭焼きにした料理。シシトウをそえる。

カトメル

▲うすい生地に牛や羊のミルクでつくったクリームをぬり、ピスタチオをたくさんふりかけてオーブンで焼いたパイのようなクレープ。

ベイラン

▼羊肉を煮こんだスープにご飯、羊肉、トウガラシを銅製の皿に入れ、皿ごと火にかけてつくる料理。

トルコを代表するお菓子

トルコで代表的なお菓子といえばバクラヴァです。そして、そのバクラヴァでいちばん有名なまちがガジアンテップです。一般的にバクラヴァにはクルミやヘーゼルナッツが使われますが、ピスタチオの名産地であるガジアンテップのバクラヴァには、ピスタチオがふんだんに使われています。ガジアンテップには、老舗の有名店「ギュルオール」をはじめ、たくさんのバクラヴァ店が軒を連ね、多くの職人たちが腕をふるっています。

▲▶ピスタチオを使ったバクラヴァ。

動画が見られる!

バクラヴァのつくり方

◀生地の下の国旗がはっきり見えるくらい、生地をうすくのばす。

◀生地を何層にも重ねる。

◀クリームをぬり、砕いたピスタチオをふりかけて、生地を重ねる。

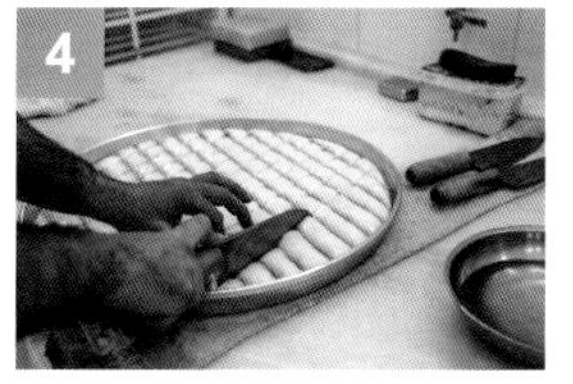

◀包丁で切りこみを入れてバターを流しこむ。

◀薪のオーブンで焼き、ガスコンロの火にかけシロップをかける。

◀トレイのまま冷たい水で冷やして完成。

インタビュー

ガジアンテップの家庭料理

エスラ・セルベッチさん［家庭料理レストラン・オーナー］

ガジアンテップは食の都として知られ、職人がつくる肉の炭焼きのケバブ、バクラヴァ、ベイランの専門店がたくさんありますが、ガジアンテップの家庭料理は女性が代だい引きついできたもの。そんな家庭料理をみなさんに食べてほしいと思い、家庭料理レストランをはじめました。ガジアンテップの料理は、スパイス、トマトやパプリカを発酵させた調味料、バターから脂肪分を抽出したギーというオイルをたくさん使いますが、それらは今でも家庭で手作業でつくられています。生活に根づいた食文化がガジアンテップには残っています。

▲家庭料理でよくつくられるナスのピラウ。ピスタチオやシナモンなどのスパイスが入っている。

まちとくらし①

大都市イスタンブール

新市街の中心地、タクシム広場から続く繁華街のイスティクラル通り。歩行者天国になっていて、路面電車が走る。いつも多くの人でにぎわっている。

トルコ最大の都市

イスタンブールはトルコ最大の都市で、人口は約1600万人の大都市です。ボスポラス海峡をはさんでアジアとヨーロッパをまたぎ、ヨーロッパ側は旧市街と新市街に分かれています。旧市街にはトプカプ宮殿やアヤ・ソフィアなどの歴史的な建物がならび、新市街はビジネスの中心地で、ビルがたちならびます。アジア側は人口の増加とともに住宅地が広がっています。

古くから、アジアとヨーロッパの東西、および地中海と黒海の南北を結ぶ重要な都市として栄えてきました。330年から1922年の約1600年のあいだは、ビザンツ帝国、ローマ帝国、オスマン帝国の首都であり、世界最大の都市のひとつでした。現在も、トルコの経済や文化の中心地として、成長を続けています。

▲イスタンブール地下鉄は、ヨーロッパ側とアジア側で多くの路線を開通している。

▲イスタンブール旧市街から見た新市街。新市街の中心にそびえ立つのはガラタ塔。ガラタ塔は14世紀ごろに建てられた石づくりの塔で、ここにのぼってまちを一望することができる。

▲海辺は人びとのいこいの場。ガラタ橋の近くにある遊歩道と公園には、休日になるとたくさんの人が集う。

▲新市街と旧市街をつなぐガラタ橋の奥に見えるのは、旧市街のモスク。

▲ガラタ橋では、釣りをする人が多い。

▲新市街のビジネス街。夕方になると道路が渋滞する。

◀まちなかにあるチャイ屋さん。チャイだけを提供している店も多い。

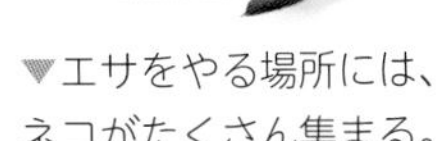

ネコにやさしいまち

イスタンブールの路上には、たくさんのネコがくらしています。ネコ好きな人が多く、自分の家や職場の近くの路上にお気に入りのネコを見つけると、そのネコにキャットフードを毎日やったり、小屋を準備したりすることもあります。大きな犬も路上にいますが、とてもおとなしく、だれかがドッグフードを毎日やっています。トルコでは、2021年に動物の権利法が可決され、動物はモノではなく、人間と同じく生きている存在とされ、権利をもつことになりました。動物を虐待した場合には、犯罪者として罰せられます。

▼エサをやる場所には、ネコがたくさん集まる。

▶1日2回、お気に入りのネコにエサをやる人。

活気あふれるバザール

▲グランド・バザールの入り口。全部で20をこえる数の門がある。トルコ語でグランド・バザールはカパル・チャルシュ(屋根のついた市場)という。

旧市街の２つの市場

イスタンブールの旧市街にあるグランド・バザールは、宝石や貴金属、衣料品、じゅうたん、タイルやランプ、革製品などの店がひしめきあい、まるで迷路のように入り組んでいる巨大な市場です。また、グランド・バザールの近くにはエジプシャン・バザールもあります。エジプトから香辛料（スパイス）が運ばれてきたことから、この名前になりました。昔も今もさまざまなスパイスを売る店がたくさんならんでいることから、スパイス・バザールともよばれます。市場の周辺には食料品や日用品を売る店がたちならび、どちらのバザールも多くの人でいつも活気にあふれています。

店主から注文が入ると、チャイをお店に届けます！ お客さんはチャイを飲みながら店内を見たり、値段交渉をしたりします。

▲グランド・バザールの中のようす。ここには4000軒以上の店が入っているといわれている。

▲ハマムで使う巻き布や、さまざまな生地の布をあつかう店。

ウズベキスタンなどから集められた刺しゅう布、帽子、じゅうたんをあつかう店。東西貿易やシルクロードの中継地でもあったイスタンブールには、今も各地から物が集まる。

▲チャイ屋さんとくつみがき屋さん。グランド・バザールで働いている人も、お客さんも利用する。

▲エジプシャン・バザールで３世代続く薬屋さん。伝統的な生薬のほかに、お菓子やスパイスも売る。

▲エジプシャン・バザール内にある店には、色あざやかなスパイスやハーブ、お茶、コーヒー、ハチミツなどがところせましとならぶ。

▲ナッツやドライフルーツの店。
▶山盛りになって売られるスパイス。

グランド・バザールにある工房で銅製品をつくる職人さん。イスタンブールでは、装飾用の緻密な銅製品が今でもつくられている。

大都市にある学校

2学期制で長い夏休み

トルコの教育制度では、小学校から高校までの12年間が義務教育になっています。国内の学校のほとんどが公立校で、義務教育のあいだの学費は無料です。公立校にくらべて数は少ないですが、私立校もあります。小学校や中学校は、9月中旬から1月中旬までの1学期と、1月下旬から6月中旬までの2学期からなる2学期制です。6月中旬からの夏休みは3か月間もあります。小学校に入る前には、1年間の幼稚園のような就学前教育がありますが、その前から保育園に通う子どももいます。

エルカン・ウル校はイスタンブールにある私立校です。1年生から4年生の小学校のクラスと、就学前の幼稚園の児童は同じ校舎で学んでいます。5年生から8年生までの中学校のクラスは道路をはさんで向かい側の校舎にあります。幼稚園、小学校、中学校をあわせると、430人の児童・生徒がいます。6年生のクラスは、11歳になる児童が通っていて、4クラスあります。1クラスあたり15人の児童がいます。授業では、公立校でも使われている教科書と、私立校で独自に使われている教科書、どちらも使われています。私立校では、英語などの外国語に力を入れていて、IT（情報技術）など独自の授業があることが特徴です。

トルコの学校制度		入学年のめやす
就学前教育	幼稚園1年間	5歳
初等教育	小学校4年間	6歳
前期中等教育	中学校4年間	10歳
後期中等教育	高校4年間	14歳
高等教育	大学4年～6年間	18歳

※義務教育は、初等・中等教育（6～18歳）の12年間。

▲エルカン・ウル校の中学校の校舎。

6年生の時間割

校時	1	2	3	4	5	6	7	8	9
	7時50分～ 8時30分	8時40分～ 9時20分	9時30分～ 10時10分	10時20分～ 11時00分	11時05分～ 11時45分	12時25分～ 13時05分	13時10分～ 13時50分	14時00分～ 14時40分	14時45分～ 15時25分
月曜日	理科	理科	国語	国語	社会	社会	宗教	文学	文学
火曜日	IT	IT	学級	英語	テスト	算数	算数	国語	国語
水曜日	理科	理科	国語	国語	文学	文学	算数	算数	英語
木曜日	算数	算数	英語	英語	体育	体育	社会	音楽	クラブ
金曜日	英語	英語	理科	美術	文学	文学	算数		

動画が見られる！

◀▲6年生の社会の授業。人差し指をあげて、先生に指名されてから発言する。

▶6年生の算数（左）と英語（右）の教科書。公立校でも使われている。

▲制服は学校で指定されているジャージを着る。

さまざまな授業の時間

国語の授業とは別に、文学について学ぶ読書の授業がある。
おしゃべりをしないで真剣に本を読む。

▲トルコの子どもにも、漫画やアニメが大人気。

毎日の授業とクラス

1つの授業は40分で、教科ごとに教室がかわります。また、クラス担任の先生はいますが、教科ごとに専門の先生にかわります。

エルカン・ウル校では、IT（情報技術）の授業に力を入れています。タブレットは全員の児童がもち、パソコンを使ってプログラミングやグラフィック・デザイン、そしてロボット工学についても学びます。また、英語などの語学学習に力を入れていることもこの学校の特徴です。

▲図書室には本がたくさんならぶ。人気がある本は、ハリー・ポッター。

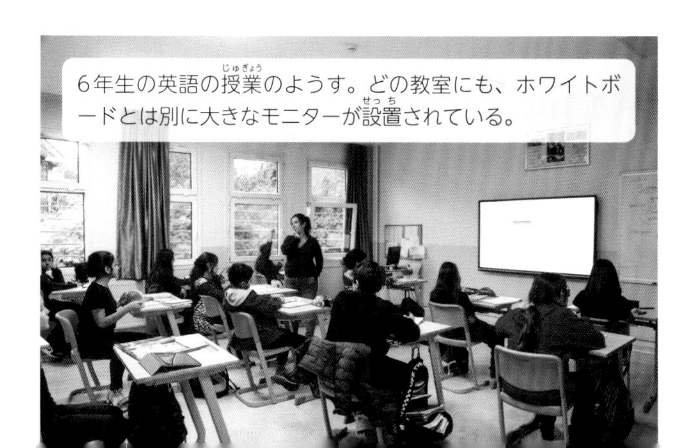

6年生の英語の授業のようす。どの教室にも、ホワイトボードとは別に大きなモニターが設置されている。

▲ＩＴの授業のようす。３Ｄモデルデザインを学んでいるところ。

インタビュー

将来の夢の実現へ

イリカイ先生
［エルカン・ウル校校長］

この学校で学ぶ子どもたちには、学校生活を通じて大人になるための準備をしてほしいと思っています。そのために、勉強だけではなく、社会的にも精神的にも、すべての面で子どもたちをサポートしたいと思っています。また、子どもたちには自制心をもつことの大切さを伝えています。将来の夢を実現させるには、自己管理が欠かせないと考えているからです。

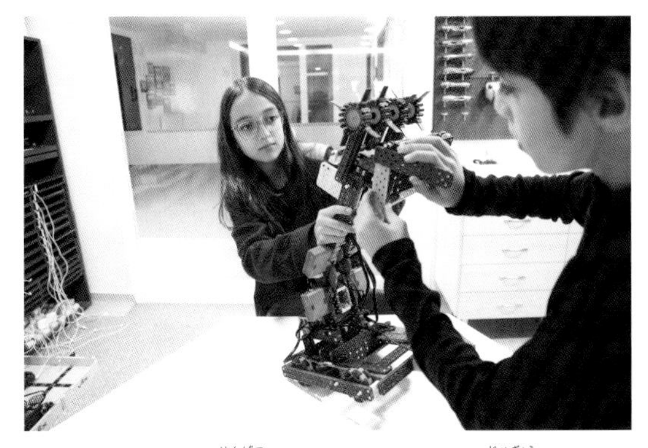
▲ロボテックは、選抜された児童が受ける授業。トルコ代表として世界大会にも出ている。

▲理科室で、浸透圧の実験をする児童たち。

▲８年生の体育の授業。体育館でドッジボールをしている。

▲幼稚園の図工の授業。クリスマスに向けて雪だるまをつくった。

▲音楽の授業で、「ダルブカ」とよばれるトルコの打楽器を習う。わきにかかえて、手のひらを打ちつけて音を出す。

学校生活③

休み時間と登下校

みんなでおしゃべり

休み時間は、みんなとおしゃべりをしたり、校庭でサッカーやバスケットボールをしたりしてすごします。お腹が空いたら、給食以外の時間でも、家から持ってきたり売店で買ったりしたパンやお菓子を食べます。給食は、毎日メニューがかわります。食べたいものと食べたい量を、自分で決めて食器によそいます。

登下校の時間は、みんながいっせいに移動するので、学校の前の道路は混雑します。時間になると、小学校の校庭にスクールバスがたくさん集まって、いっせいに乗りこんで出発します。

▼給食の時間は給食ルームに移動して、クラスごとに好きな席で食べる。

▼この日のメニューはインゲン豆のトマト煮、マカロニ、サラダ、ヨーグルト、バナナ。

▲食べたいものを選んで、自分でよそう。

▲図書室での授業の前に、みんなでおしゃべり。

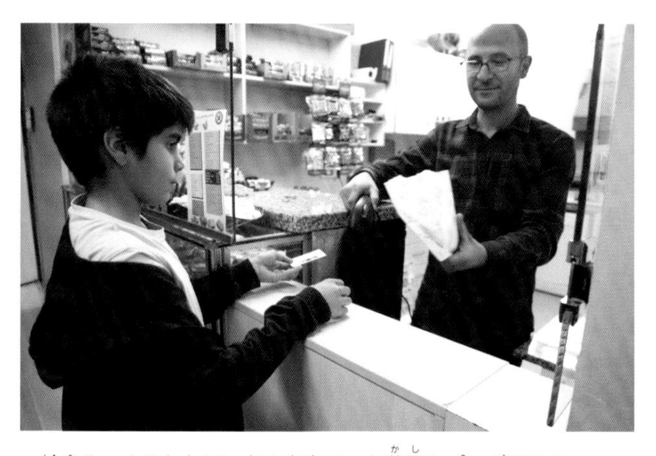

▲給食ルームのとなりにある売店で、お菓子やパンが買える。

▲ポップコーンを平たくしたせんべいのようなお菓子を食べる児童たち。この学校には、校舎の外に休憩用のベンチとテーブルがあり、児童も教師も自由に利用することができる。

▲魚の形をしたコーン味のスナックを食べる児童たち。

▲登下校時には学校の前の道路が大混雑する。近所に住んでいる児童は、歩いて登下校する。1人で登下校する場合もあるし、家の人が送りむかえをする場合もある。

▲自宅が学校からはなれている児童はスクールバスで登下校する。乗るバスは、自宅のある区域ごとに分かれている。

▲下校のむかえにきた母親とその児童。うしろの壁には校章がかかげられている。

中学校の副校長、エダー先生。

友達や家族との楽しい時間

いろいろな遊び

友達や家族といっしょにいるときも、1人でいるときも、子どもはすぐに楽しい遊びを見つけます。おにごっこや、かくれんぼのような遊びは、トルコでしか見かけないルールのものがあります。スマートフォンやタブレットを使ったゲームは日本とあまりかわりません。

▲キョレベというおにごっこ。おに役の子が目かくしをしてほかの子どもをつかまえる。おににタッチされたりつかまえられたりした子どもは、次のおにになる。

▲学校の休み時間や放課後にチェスをして遊ぶ。

▲家族みんなで海水浴にきて、お父さんといっしょに海に入って遊ぶ。

▲近所の友達と自転車遊び。

▲休みの日は家族そろって出かける。大人はチャイを飲みながらおしゃべりをして、子どもは子どもどうしで遊ぶ。

▲忍者（にんじゃ）のフィギュアを使って遊ぶ。

圧倒的人気をほこるサッカー

人気のスポーツ

トルコで圧倒的な人気をほこるスポーツは、サッカーです。国内外で活躍するサッカー選手が多くいます。大きなスタジアムでのサッカーの試合は、熱狂的なファンが応援にかけつけます。子どもたちも、グラウンドや道路など、どこでもボールを追いかけています。ほかに人気のあるスポーツは、バスケットボール、バレーボール、水泳、アーチェリー、柔道などです。

▲小学校の休み時間に校庭でサッカーをする子どもたち。

▶小学校の校庭に、バスケットボールのコートがある。バスケットボールも人気のあるスポーツ。

行事と冠婚葬祭①

断食明けの砂糖祭り

まだうす暗い早朝に、多くの人がお祈りのためにモスクに集まる。

さまざまな祝日と祭り

トルコの国民のほとんどはイスラム教徒です。ただし、どんな宗教を信じるか、どのくらい戒律を実践するかについては個人の自由が認められているので、イスラム教徒にとっては戒律のひとつである断食も、おこなう人とおこなわない人がいます。どちらの人も、断食の終わった次の日から3日間は休日となり、みんなで断食明けのお祝いをします。おたがいにあまいものをふるまいあうので、砂糖祭り（シェケル・バイラム）といわれています。バイラムとは祝日のことで、トルコの人びとにとっては、正月のような日です。子どもたちは、親せきの家を訪ね、お祝いを言って手にキスをします。そして、キャンディやお年玉をもらいます。

2024年のトルコのおもな祝日	
日付（西暦）	行事名
1月1日	新年
4月10日・11日・12日	砂糖祭り
4月23日	こどもの日
5月1日	メーデー
5月19日	青年とスポーツの日
6月16日・17日・18日・19日	犠牲祭
7月15日	民主主義の日
8月30日	戦勝記念日
10月29日	共和国記念日

▲祭りの前に、男性は床屋さんに行き、髪を切ってひげをそる。

▲1週間ほど前からお菓子のセールがおこなわれ、人びとはチョコレートやキャンディを買いこむ。

▲キャンディをもらうと、子どもはバッグなどにしまう。

▲家族や友人の家を訪問し、抱きあってお祝いのあいさつをかわす。

◀お客さんには、コロンヤをふりかけてからお菓子をふるまう。

▲▶あまいお菓子のバクラヴァ（上）とロクム（右）。

▲祭りの日にはトルココーヒーが飲まれる。

おもてなしのコロンヤ

▲コロンヤのボトル。

トルコでは、人をもてなすときに、エチルアルコールにレモンやラベンダーなどのかおりのついた、コロンヤという液体を手にかける文化があります。お客さんが家にくると、まず、コロンヤを手のひらにかけてから、お菓子や飲み物を出します。伝統的には、お客さんにコロンヤをかけるのは子どもの役割です。長距離バスの中や、レストランで食事を終えたあとにもリフレッシュと消毒のために手のひらにかけてくれることもあります。

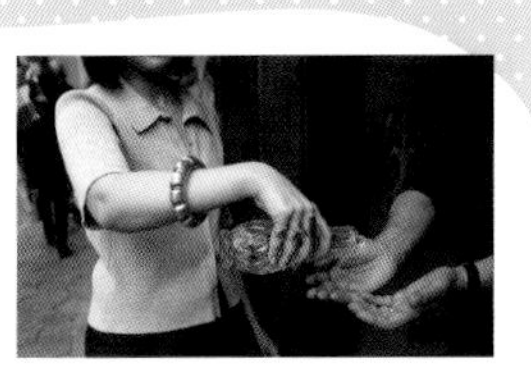

▲ボトルに入ったコロンヤを手にふりかける。

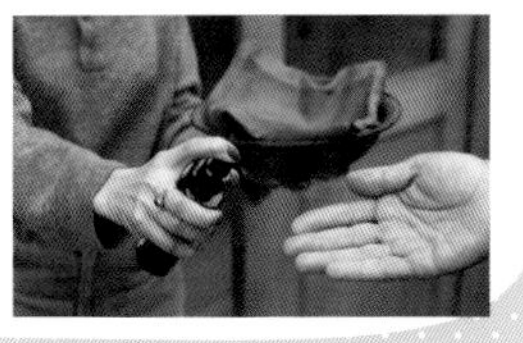

▶最近は、スプレーのコロンヤも多い。

みんなで盛大に祝う結婚式

各地に伝わる結婚式の伝統

トルコの結婚式のシーズンは夏です。たくさんの人にお祝いされるのは光栄なことで、招待制ではなく、だれでも参加できます。親せきや友人以外にもおおぜいの人が参列して、式は盛大におこなわれます。結婚式場での式もありますが、屋外でおこなわれることもあります。

トルコ各地にそれぞれの結婚式の風習があり、地域の歌や踊りが披露され、新郎新婦は大音量の音楽にあわせて踊ります。地域によっては、結婚式は何日も続きます。ヘナの夜とよばれる結婚式の前日のお祝いは、いちばん盛りあがるイベントのひとつです。

結婚式前日

▶大鍋でたくさんの料理がつくられる。

▼村の人に食事がふるまわれる。

▲新婦の家に、新婦の友人や親せきが集まって、伝統的な衣装を着て踊る

◀新郎と新婦の家族。参列者から送られたお金を新郎新婦の首にかけるのが慣例。

▲ケーキ入刀。ケーキは参列者に配られる。

▶新郎と新婦によるダンス。

結婚式当日

▲新婦が家ですごす最後の時間。おばあさんが新婦の面倒を見ている。

▼赤い帯をつけることは、今後は新郎が新婦の父親にかわって新婦を守っていくことを意味する。

結婚する前の日に、新婦の手にヘナという染料をぬって、幸せな結婚生活を祈る。ヘナの夜とよばれ、新郎と新婦、参列した人びとが踊り、とても盛りあがる。

▶移動に使う車にはタオルがかけられ、それはお祝いの印として、だれでも取ってよい。車から、子どもにはお金がまかれる。

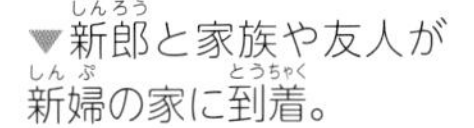

▼新郎と家族や友人が新婦の家に到着。

▲新婦がおじいさんとお父さんにあいさつをする。その後、お父さんとともに新郎の待つ外に向かう。

▶新郎新婦が新郎の家に到着すると、羊をさばく。

▼新郎の家に到着した新郎と新婦。

湖水地方の農業とくらし

バラの収穫は、朝におこなわれる。太陽がのぼりきると、バラの花を回収する車がやってくる。

春と夏は収穫の季節

トルコは世界有数の農業国で、ヘーゼルナッツ、イチジク、アンズ、サクランボの生産は世界一をほこります。火山湖など、湖の多い湖水地方は、岩山に囲まれて森林も多く、大規模な農業には向きません。そのような場所でも育ちやすいバラやラベンダー、野菜の生産がおこなわれています。とくにダマスクローズというバラの生産が有名で、バラはオイルや芳香蒸留水、コロンヤなどに使われるだけではなく、ジャムやお菓子にも使われます。

農業とともにある湖水地方のくらしには、おだやかな時間が流れています。

▶回収されたバラ（ダマスクローズ）は蒸留所に運ばれる。

▼蒸留所で、バラのオイルや芳香蒸留水をつくる。

▲家の近くの草むらで牛の世話をする女性。

▲村の中をトラクターが走る。

▲一面に広がるラベンダー畑。

暑いので、日傘を頭につけて散歩します！

ブドウの収穫のお手伝いをしました！

▲収穫したラベンダー。これを乾燥させ、くきから花をとる。

▲村の中で飼われているガチョウ。

▲日中は草むらで草を食べて、小屋の中で夜をすごすヤギ。

くらしの多様性②

オスマン帝国発祥のまち

オスマン帝国最初の首都

冬は雪が降り、多くの人がスキーに訪れる標高2543mのウル山。そのふもとに、温泉がわきでるまち、ブルサがあります。緑の多いブルサは「緑のブルサ」ともよばれ、623年間続いたオスマン帝国が最初に首都としたまちです。オスマン帝国時代に建設されたモスクやハマムなどが今でも残り、商業のまちとして栄えたおもかげを残しています。

ブルサにあるウル・ジャーミィは、40年もの年月をかけて建てられた大モスク。天井に円形のドームが20個もあり、お祈りの前に手や足などを清める場所がモスクの中にある。

◀イェシル・ジャーミィは皇帝メフメット1世によって建てられた、オスマン帝国の初期のモスク。

◀オスマン帝国の君主やその家族などがまつられているお墓は、装飾されたドームに囲まれている。

▶オスマン帝国時代に生みだされたアラビア文字の書道。

▼温泉がわきでるブルサのハマム。お湯がはられた大きな浴槽がある。

イスラム神秘主義のひとつ、メヴレヴィー教団のセマー（旋舞）。メヴレヴィー教団はコンヤが発祥の地で、オスマン帝国の庇護を受けた。セマーはユネスコの無形文化遺産に登録されている。

オスマン帝国時代の家屋

動画が見られる!

ブルサの近郊にあるジュマルクズックは、1300年代につくられたまちで、石畳にそって伝統的な家屋がならびます。オスマン帝国の最初の居住地となった場所で、伝統家屋が今でも住居やレストラン、ホテルとして使われています。手づくりの食品や民芸品を売る店も多く、週末にはトルコ各地から人が集まります。

あざやかな色で壁がぬられた、伝統的な家屋。ジュマルクズックは、こうした家屋が石畳の道にそってたちならぶ。

ここに注目!

カラギョズとハジワト

トルコの伝統的な民衆芸能のひとつに、カラギョズがあります。カラギョズは、影絵人形劇で、人形劇に登場する主人公の名前でもあります。よく演じられるのは、主人公のカラギョズと相棒のハジワトのコミカルなやりとりで、さまざまな人物が登場します。早口言葉やなぞなぞ、だじゃれなどが盛りこまれ、音楽とともに笑いが絶えません。ブルサはカラギョズの本場といわれ、カラギョズが上演・上映される博物館もありますが、ほかの都市でも劇場やショッピングモール、学校などで今でも上演・上映されています。

▲カラギョズの人形。ブルサにあるカラギョズ博物館に展示されている。

メソポタミア文明発祥の地

中世のおもかげを残すまち

トルコ南東部の平原に、岩山の斜面にそって、中世のようなれんがづくりのまちなみが広がる、マルディンというまちがあります。古くから、テュルク系の人びと、アラブ系の人びと、クルド系の人びと、シリア正教を信仰するスリアニの人びとがともにくらし、さまざまな文明を受け入れてきました。この地域は、チグリス川とユーフラテス川にはさまれた、メソポタミア文明発祥の地です。世界最古の文明の遺跡が残り、人びとのくらしのなかにもさまざまな歴史的習慣が残っています。

▲マルディンの旧市街のまちなみ。岩山の頂上にある城壁は、紀元前1世紀ごろにローマ帝国が築いた。

▲マルディン旧市街の目の前にはメソポタミアの平原が広がる。シリアとの国境はすぐ近くにある。

▲旧市街のまちなかには銅細工や銀細工を売る店も多い。

▲マルディンは手づくり石けんが有名で、ピスタチオやオリーブ、ヤギのミルクなどを使った石けんが店にならぶ。

▲シリア正教を信仰するスリアニの人びとは、イエス・キリストが使っていたとされるアラム語を今でも話す。また、2000年前と同じワインの製法を現在まで引きついでいる。

伝統建築でつくられた博物館から、ミディヤットの旧市街を見下ろす人びと。夏と冬で温度差の大きい乾燥した気候にあわせ、夏はすずしく冬はあたたかい石材である石灰石が使われている。石灰石は、古くからまちの建物に使われてきた。

▲マルディンの近郊にあるミディヤットの旧市街。れんがづくりの教会や修道院が残り、ビザンツ時代の歴史が感じられる。

▲シリア正教会では、イコンとよばれる聖像画をお祈りに使う。写真は、イコンを代だい製作してきた家族がつくったイコン。

▲マルディンのシリア正教会のクルクラル教会で、現在も使われているイコン。地元では、40人教会ともよばれる。

▲観光用の馬車。馬やロバは、ふだんの人びとの生活のなかでも、荷物や人を運ぶのに利用されている。

命とくらしを守る防災

▲地震前のガジアンテップ城のようす。

▲565年に建てられたガジアンテップ城の城壁。2023年2月6日に、カフラマンマラシュを震源として発生したトルコ・シリア地震で倒壊した。被害はシリアとの国境にあたるハタイ県に集中したが、ガジアンテップ市内でもビルの倒壊などで死者が出た。

災害の多いトルコの課題

ユーラシアプレート、アフリカプレート、アラビアプレートが重なりあう場所に位置するトルコは、日本のように地震が多く発生する国です。2023年2月6日には、5万6000人をこえる死者を出した地震がトルコとシリアで発生し、過去最大の被害となりました。 また、トルコでは洪水もよくおこります。近年では気候変動の影響によって洪水がふえていることもありますが、災害の危険性を十分に考えずに都市計画を進めたことも、洪水の被害を大きくしている原因のひとつとして考えられています。

トルコの人びとの7割以上が都市部にくらしていることから、都市部でいかに災害による被害を小さくするかが課題となっています。

▲トルコ・シリア地震で壁がくずれた住宅。

防災とJICAの取り組み

トルコでは、地震や洪水、土砂災害のほかにも、森林火災や雪崩による被害が多く発生しています。首都アンカラにあるJICA*トルコ事務所では、日本と同じ災害大国であるトルコに対して、長年、防災分野の協力をおこなっています。JICAは、トルコ政府や大学、日本の民間企業とも連携し、阪神・淡路大震災や東日本大震災で得た教訓や日本の技術を現地に伝えるほか、橋などの公共インフラの耐震化によって被害を少なくする事業や、防災教育を広めるための研修などをおこなっています。

2023年のトルコ・シリア地震では、震災発生直後に日本の国際緊急援助隊を被災地へ派遣しました。その後は、被災地における早期の復旧・復興をめざし、地震前よりもさらに強い都市をめざした復興計画の策定支援など、継続的に支援をしています。

＊JICA（独立行政法人国際協力機構）は、日本のODA（政府開発援助）を担う機関で、国際協力をおこなっている。

▲JICAトルコ事務所の山﨑潤さん（左）と山田梨湖さん（右）。「日本には『まさかの友は真の友』という言葉がありますが、トルコにも同じように、『暗い日の友』という言葉があります。日本とトルコは、災害などの苦しいときに助けあってきました」

（JICA提供）

▲トルコ・シリア地震の際に派遣された日本の国際緊急援助隊。

インタビュー

地震の備えを　イェニドアン先生［地震工学の専門家］

地震はいつおこるのか予想はできません。明日かもしれないし、10年後かもしれません。イスタンブールのような大都市で地震がおこることも想定して、防災を進めています。トルコでは、地震保険の制度や、建物の耐震性の基準も上がっています。地震がおこったときのために、家には防災バッグを準備しておくこと、自分の住んでいるアパートの耐震性を調べておくこと、避難訓練をおこなうことなどの重要性をよびかけています。

▲イスタンブールにある工科大学で地震工学を教えるイェニドアン先生。

トルコと日本の友好の歴史

▲エルトゥールル号。悪天候にくわえ、老朽化も事故の原因のひとつといわれている。

（イスタンブール海軍博物館所蔵）

▲殉職したエルトゥールル号の乗組員の慰霊碑。大島（現在の串本町）に建てられた。

（イスタンブール海軍博物館所蔵）

▶エルトゥールル号の事故で殉職したトルコからの使節団の写真。

（イスタンブール海軍博物館所蔵）

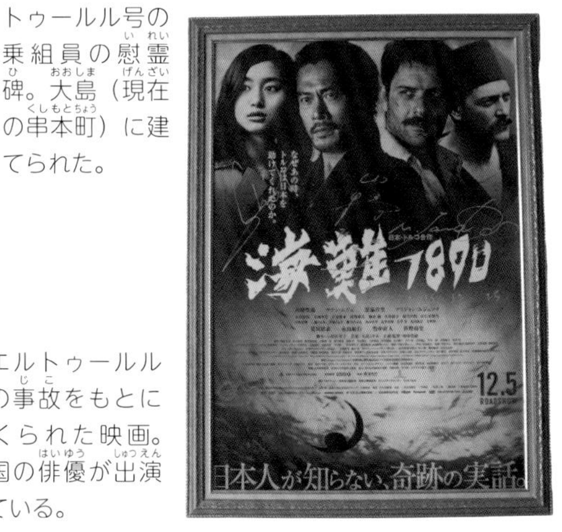

▶エルトゥールル号の事故をもとにつくられた映画。両国の俳優が出演している。

エルトゥールル号の悲劇

1890年6月、日本の皇族がイスタンブールを訪問した返礼として、オスマン帝国は使節団を軍艦エルトゥールル号に乗せて派遣しました。しかし、その帰路の9月16日、和歌山県の大島（現在の串本町）の沖合で暴風雨により船が沈没してしまいます。住民が必死の救助をおこなって69人を助けましたが、死者は587人におよびました。そして1891年1月、生存者は日本の軍艦でトルコにもどりました。この事故を機に、トルコで多くの人びとが日本を知ることになったのです。茶道家の山田寅次郎は、犠牲者の遺族のために日本で義援金を募り、それを持ってトルコにわたりました。山田は、トルコで美術工芸品などの貿易を日本とおこなったり、日本からトルコを訪れる要人の仲介役を担ったりするなど、両国の友好のために尽くしました。

エルトゥールル号の事故から95年後の1985年3月、イラン・イラク戦争中にイラン上空を飛ぶ飛行機が無差別攻撃されるという宣言を受けて、取り残されたイラン在住の日本人の救援に向かったのが当時のトルコ航空（現在のターキッシュ・エアラインズ）でした。退避を希望した日本人215人が出国することができ、エルトゥールル号の恩返しになったといわれています。

トルコと日本の友好のために尽くした日本人の名前が道路や公園の名前になるなど、両国の絆は、今でも深まっています。

トルコで人気の日本文化

トルコの大きな都市では、寿司はとても人気のある日本食で、お寿司屋さんもたくさんあります。日本のようなにぎり寿司を出す店もありますが、さまざまな具材を使ったあざやかな巻き寿司が手軽に食べられています。日本のお茶、生け花などの伝統文化に興味をもつ人もいます。また、日本の漫画やアニメの人気も高まっています。

日本のアニメはトルコで大人気です。日本語で日本のアニメを見たいと、日本語を学びはじめる人もふえています。

◀トルコで日本文化の紹介や文化交流のサポートをおこなう、土日基金文化センターのセナーさん。同センターでは、日本語教室や日本の文化を紹介するイベントや授業をおこなっている。

▲日本のアニメのコスプレをした人。

▲書店には、トルコ語に翻訳された日本の漫画がたくさんならんでいる。

▶トルコで人気のある日本食は巻き寿司。大きな都市にはお寿司屋さんが多い。

▼折り紙はトルコでも人気。折り紙教室でトルコの人が折った作品。

▲イスタンブールのバルタリマヌ日本庭園にある茶室。姉妹都市関係にあるイスタンブール市と山口県下関市の協力によって建てられた。

生け花もトルコで人気のある日本文化のひとつ。アイシェ・パスルさんは日本で生け花を学び、現在はイスタンブールで生け花教室を開催したり、アーティストとして制作をおこなったりしている。

トルコ基本データ

正式国名

トルコ共和国

首都

アンカラ

言語

公用語はトルコ語。ほかに、クルド語、アラビア語など。

民族

テュルク系の人びとが多く、ほかにクルド系の人びと、アラブ系の人びとなどがいる。

宗教

イスラム教が国民のほとんどを占める。ほかにキリスト教、ユダヤ教など。

▲イスタンブールのタクシム広場にあるタクシム・モスクに、断食明けのお祝いのメッセージが電飾で表示されている。

通貨

通貨の単位はトルコ＝リラ（TRY）。1リラは日本円で約5円（2024年1月時点）。紙幣は、200、100、50、20、10、5リラ。硬貨は1リラと、50、25、10、5、1クルシュ。

政治

共和制。議会は一院制で600議席。

▲アンカラのウルス地区にある、独立戦争中にも使われていた旧トルコ国会議事堂。1920年～1924年にかけて、トルコで最初の国会議事堂だった。現在は独立戦争博物館として使われている。

情報

インターネットの使用者率は77.7%（2020年時点）。

産業

サービス業の割合が多く、ついで、製造業、工業、農業など。

貿易

輸出総額 **1698** **億ドル**（2020年）

おもな輸出品は食料品、原材料と燃料、工業製品、機械類、自動車、鉄鋼、衣類、繊維と織物など。おもな輸出先は、ドイツ、アメリカ、イギリス、イタリア、イラクなど。

輸入総額 **2198** **億ドル**（2020年）

おもな輸入品は、食料品、原材料と燃料、工業製品、機械類、鉄鋼、自動車、プラスチック、鉄鋼くずなど。おもな輸入先は、中国、ロシア、ドイツ、アメリカ、イタリアなど。

日本への輸出

885 **億円**（2021年）

おもな輸出品は、衣類、マグロ、野菜と果実、一般機械、穀物など。

日本からの輸入

3490 **億円**（2021年）

おもな輸入品は、一般機械、電気機器、鉄鋼、自動車部品、乗用車など。

軍事

35.5 **万人**（2020年）

陸軍26万人、海軍4.5万人、空軍5万人。

▲「トルコ人の父」といわれる、ムスタファ・ケマル・アタテュルクの霊廟のある丘。奥に見えるのはアンカラ市内のようす。

トルコの歴史

アナトリアにおける帝国の興亡

現在のトルコのアジア側にあたるアナトリアには、紀元前50万年ごろの旧石器時代から人類が存在した。現在のコンヤにあるチャタルホユック遺跡からは、新石器時代に農耕や牧畜をおこなっていた、世界最古の組織されたまちのあとが発見された。

紀元前3000年ごろには、銅とスズをまぜた青銅器で、武器や道具をつくるようになった。紀元前17世紀ごろ、アナトリア半島にヒッタイト王国がおこり、世界初の鉄器文化が栄えたが、紀元前12世紀ごろに、飢餓の蔓延や海の民とよばれる移民者たちの襲撃によって滅ぼされた。これにより、各地に製鉄技術が広まり、鉄器時代が始まった。ヒッタイト王国とほぼ同じ時期に、アナトリア北西ではトロイが栄えた。トロイがギリシャのアカイア人に敗れて滅亡すると、エーゲ海地方はギリシャの植民地となり、ミレトスやエフェソスなどの都市が繁栄した。西アナトリアにはサルデスを都にリディア王国が成立した。紀元前546年にペルシャはリディア王国を征服、強大な帝国となるが、その支配は220年ほどしか続かず、アナトリアはアレキサンダーの支配下に入る。アレキサンダーはギリシャ、エジプト、アジアにまたがる大帝国を建設し、死後は将軍たちによって分割された。

330年にローマ帝国のコンスタンティヌス帝はビザンティウム(現在のイスタンブール)に遷都をおこなった。この帝国はビザンツ帝国とよばれ、ユスティニアウス帝のときに最盛期をむかえる。この皇帝のもとで、アヤ・ソフィア大聖堂が建てられる。8世紀ごろイスラム軍の侵攻を受けながら衰退していき、1071年にセルジューク朝に敗れると、アナトリアにおいてテュルク系の民族による支配が確実なものとなった。

▲ヒエラポリスは紀元前190年に建造された都市遺跡。ハドリアヌス帝により2世紀につくられた劇場は、1万5000人を収容したという。

セルジューク朝とオスマン朝時代

11世紀ごろ、中央アジア遊牧民族でイスラム教を信仰するテュルク系の人びとがセルジューク朝をおこした。キリスト教の聖地エルサレムを占領し、それに対して西ヨーロッパ諸国は「十字軍」を組織した。1071年にはビザンツ軍をやぶり、アナトリアを征服してイスラム教を広めるも、モンゴル軍の侵攻を受けておとろえる。1299年には、同じトルコ系の民族がオスマン朝を建国。1396年、バルカン半島で西ヨーロッパ諸国からなる連合軍（対オスマン十字軍）をやぶった。1453年にはビザンツ帝国を滅ぼした。以後、オスマン帝国は北アフリカ、東ヨーロッパ、西アジア方面にも支配地を広げ、16世紀にスレイマン1世のもとで最盛期をむかえる。

オスマン帝国の衰退とトルコ共和国の誕生

1914年に第一次世界大戦がおきると、オスマン帝国はドイツとともに参戦した。ダーダネルス海峡を突破しようとするイギリス・フランス軍に対し、大激戦のすえに撃退に成功。そのときの将軍がムスタファ・ケマルで、この戦いは「チャナッカレの戦い（ガリポリの戦い)」とよばれる。最終的には戦争に敗北し、国土の分割を求められたが、ムスタファ・ケマルがアンカラでトルコ大国民議会をひらき、国民政府をうちたてた。1921年にギリシャ軍をやぶって、1922年にオスマン帝国を滅ぼし、1923年に連合国とローザンヌ条約を結んでトルコ共和国が成立。ケマルは初代大統領に就任し、政治と宗教を分ける政教分離、太陽暦の導入、女性参政権の実施などの近代化を進め、アタテュルク（トルコ人の父）とよばれた。1938年のケマルの死後、二代目大統領となった側近のイスメット・イノニュの努力で第二次世界大戦に参加しなかったが、1952年には北大西洋条約機構（NATO）に参加し、欧米とともに戦後体制の構築につとめた。現在も国内で紛争が続く隣国のシリアから難民を受け入れるなど、中東諸国の動きに左右されるいっぽう、ヨーロッパ連合（EU）への加盟もめざしている。

さくいん

取材を終えて

東海林美紀

この本を書くことが決まってから、はじめてトルコを訪れました。イスタンブールに着いておどろいたのは、まちなかにネコや犬がたくさんいたことです。大きな茶色の犬がお店の前や道路のわきにどっしりと横になっていたり、ネコは道にとめてある車のボンネットの上や、地下鉄の駅やバスターミナルの椅子に気持ちよさそうに寝転がったりしています。お店の中にまでネコがいることもありますが、だれも特別気にかけているようすはありません。ネコや犬に話しかけたり、エサをやったりする人を見かけることも多く、そんなネコ・犬好きな人たちや、大都市でたくましく生きているネコたちに会うことは、イスタンブールに通う楽しみになりました。

日本の各地に温泉や銭湯があるように、トルコにはハマムがあります。大理石が敷きつめられた大きなハマム、地元の人たちが銭湯のように通うハマム、温泉地にはあたたかい温泉につかれるハマムもあります。ハマムは今でも人びとが集まり、人びとをつなぐ場所。イスタンブールで、そしてさまざまなまちでハマムに行きましたが、ハマムをきっかけに友達ができて、そこからまた知り合いの人を紹介してもらい、たくさんの人に協力してもらってこの本ができあがりました。

▲改装されたばかりのハマムの天井から、光が差しこむ。

ここで紹介することができたトルコはほんの少しだけですが、いつかトルコに行って、トルコ料理をたくさん食べて、くびれたガラスのチャイグラスであつあつのチャイをすすりながらトルコの人びととおしゃべりをして、ハマムに行ってみたいなと思ってくれる人がいたらうれしいです。

この本にかかわってくれたみなさんに、感謝をこめて。

●監修
イナン・オネル（翻訳家・映像作家）

●取材協力（順不同・敬称略）
Ayse Merve Pasli / Esra Serbetci / Defne Aksehirlioglu / Nafiz Aksehirliog / Elif Kartal / Dogan Atok / Baran Atok / Habib Cem Yenidogan /Keziban Yildirim / Onder Abatay / Zeyid Ata / ERKAN ULU SCHOOL / Gulluoglu / Kilic Ali Pasa Hamam / Kebapci Halil Usta / JICAトルコ事務所

●参考文献

アズィズ・ネスィン著、護雅夫訳『口で鳥をつかまえる男〔アズィズ・ネスィン短篇集〕』（藤原書店）
小笠原弘幸著『ケマル・アタテュルク オスマン帝国の英雄、トルコ建国の父』（中央公論新社）
銀城康子文、高松良己絵『トルコのごはん』（農山漁村文化協会）
サイト・ファーイク著、小山 皓一郎編・訳『イスタンブール短編集』（響文社）
新藤悦子文、国松エリカ絵『小学館世界J文学館 ナスレッディン・ホジャ ～トルコのとんち話101選～』（小学館）
ナーズム・ヒクメット著、中本信幸編・訳『ヒクメット詩集』（新読書社）
ナーズム・ヒクメット著、石井啓一郎訳『フェルハドとシリン』（慧文社）
大村幸弘／永田雄三／内藤正典 編著『トルコを知るための53章』（明石書店）
『データブック オブ・ザ・ワールド 2023』（二宮書店）

●地図：株式会社平凡社地図出版
●校正：株式会社鷗来堂
●デザイン：株式会社クラップス（佐藤かおり）

現地取材！ 世界のくらし 15
トルコ

発行 2024年4月 第1刷

文・写真 ：東海林美紀（とうかいりん みき）
監修 ：イナン・オネル
発行者 ：千葉均
編集 ：原田哲郎
発行所 ：株式会社ポプラ社
〒141-8210 東京都品川区西五反田3丁目5番8号
JR目黒MARCビル12階
ホームページ：www.poplar.co.jp（ポプラ社）
kodomottolab.poplar.co.jp（こどもっとラボ）
印刷・製本 ：大日本印刷株式会社

ISBN978-4-591-18089-1
N.D.C.292/48P/29cm

P7211015

中国と周辺の国ぐに

中国のおもな世界遺産

中国では、2020年1月現在55件が世界遺産として登録されている。登録件数は、イタリアとならんで世界第1位。
以下におもな世界遺産をあげる。

- 万里の長城
- 敦煌の莫高窟
- 秦の始皇陵と兵馬俑坑
- 四川ジャイアントパンダ保護区群
- 中国南方カルスト
- 道教の聖地・泰山
- 北京と瀋陽の明・清朝の皇宮群
- 周口店の北京原人遺跡
- 九寨溝の渓谷
- シルクロード

▲敦煌の莫高窟。4世紀ごろから約1000年間、彫りつづけられた仏教遺跡。石窟には2400もの仏像が安置され、仏教壁画がえがかれている。

▲秦の始皇陵にある兵馬俑坑。始皇帝の墳墓の始皇陵の東、約1.5kmにある。陶製の兵士像約7000体のほか、馬や戦車が出土した。

▲四川省のジャイアントパンダ。絶滅危惧種のジャイアントパンダ約500頭が生息。パンダ保護研究センターもある。

▲中国南部のカルストのひとつ雲南省の石林。ほかに貴州省の茘波、重慶市の武陵、広西チョワン族自治区の桂林などが登録されている。

現地取材！ 世界のくらし 3

中国

文・写真：吉田忠正　監修：藤野 彰

武漢(ウーハン)市漢口(ハンコウ)にある旧市街(きゅうしがい)。通りは街路樹(がいろじゅ)におおわれ、国旗がはためいている。かつてはここに、租界(そかい)（外国人の行政権(ぎょうせいけん)などをみとめた居留地(きょりゅうち)）があった。

現地取材！ 世界のくらし 3

中国

もくじ

街路樹のある武漢市の旧市街。

桂平市郊外の農村に住む家族。

武漢市郊外の農村地帯の家庭の食卓。

武漢市の光谷広場の広い道路。奥にたくさんの高層建築がある。

◀こちらのサイトにアクセスすると、本書に掲載していない写真や、関連動画を見ることができます。

踊りのポーズをとるチョワン族の少女たち。

中国のお正月・春節を祝う獅子舞。

伝統衣装を着て踊りのけいこをする小学生。

桂平市郊外に設置されたソーラーパネル（後方）。その下は野菜畑として使われている。

多様な地形と気候

江南の江蘇省の茶畑。長江下流の南側にあたる地域を江南という。このあたりは稲作がさかん。

国土面積は世界で4番目

中国は世界でロシア、カナダ、アメリカに次いで、4番目に広い国で、その面積は約960万㎢（日本の約26倍）です。国土の3分の2以上が山地や高原で、南西には標高4000m以上のチベット高原が広がり、ネパールとインド、ブータンとの国境には標高6000m以上のヒマラヤ山脈が連なっています。また、その北には崑崙山脈や天山山脈が走り、その間にはタクラマカン砂漠が広がっています。万里の長城の外側には砂漠やモンゴル高原の草原などが広がります。

広大な国土をもつ中国では、気候も大きくことなります。大半が温帯で、四季の変化がはっきりしています。一般に東シナ海沿岸域は季節風（モンスーン）の影響が大きく、温暖で雨が多い温暖湿潤気候ですが、内陸に入るにしたがい寒暖差が大きく、乾燥し雨は少なくなります。東北地方の北部は亜寒帯気候で、冬の寒さはきびしく、1月の平均気温は－20℃にもなります。いっぽう、南の海南島は熱帯に属し、サトウキビや熱帯の果物の栽培がさかんです。

▲長江の中流にあたる武漢長江大橋より。長江は中国のほぼ中央を西から東へ流れる川で、世界で3番目に長い。約6380km。

▲中国南部の雲南省にある玉竜雪山。標高5596mで近くに世界遺産の麗江古城がある。

▲内モンゴル自治区。標高600～1400mの高原が広がる。ヒツジの放牧がさかん。

▲新疆ウイグル自治区トゥルファンの近郊にある『西遊記』にも登場する火焔山。天山山脈の東部にあり、夏の気温は40℃をこえる。

北京郊外の万里の長城。北方の異民族の侵入から中国本土を守るため、紀元前7世紀ごろから建設され始め、紀元前3世紀ごろ、秦の始皇帝により増築された。その後、明代まで修築をくりかえしてきた。中国政府は全長2万1000kmと発表。

大きく飛躍する中国

首都北京にある天安門。1949年10月1日、ここで中国の最高指導者の毛沢東が中華人民共和国の建国を宣言し、以後、中国の政治の舞台となってきた。

▲まちのあちこちにかかげられた社会主義のスローガン。国家の面では「富裕かつ強大で民主的」、社会の面では「自由・平等であること」、国民の面では「国を愛し懸命に努力すること」などがかかげられている。

社会主義の国として発展

中国の黄河・長江流域は、世界の4大文明発祥の地として知られ、約8000年前には農耕がおこなわれていました。2200年前に秦が中国を統一し、以後、いくつもの王朝が興亡をくりかえしてきました。1949年に中華人民共和国が成立し、社会主義*の国としてスタート。1970年代末、改革開放政策をはじめ、外国の進んだ技術を取り入れ、2010年には世界第2位の経済大国へと大発展しています。

＊社会主義：土地、工場、機械などの財産を個人のものではなく社会全体の財産として共有・管理し、平等な社会を実現しようという考え方。

▲古いまちなみが残る武漢市の漢口。中国の古いまちには、街路樹が多く見られる。

▲武漢市の光谷広場。バスや自家用車、自転車、歩行者などが行きかう環状交差点の真ん中に、星河というモニュメントが建てられた。

数十年前に建てられた武漢市内の住宅街（手前）と、ここ数年間に次つぎと建てられた高層ビル群（後方）。

長江中流の中枢都市

長江の中流に位置する武漢市は、古くから交通のかなめとして発展してきました。面積は8569㎢で、日本の兵庫県と同じくらい。人口は1100万人（2018年）で、湖北省の省都です。現在も北京、上海、重慶、広州など東西南北の主要都市を結ぶ中枢都市として発展。空路をはじめ、高速鉄道、高速道路、地下鉄などが整備され、まちには高層ビルやショッピングモールが次つぎに建てられています。

▲光谷歩行街のショッピングモール近くに建てられた高層ビル。

住居と習慣①

武漢市内にくらす5人家族

新興の住宅街

王さん（10歳）の家は、武漢の中心から東へ約10km行ったところにあります。7年前は、農地が広がっていたところですが、今は静かな住宅街にかわっています。まわりはヨーロッパ風の色あいに統一されたデザインの建物がならんでいます。このような一戸建ての住宅は、まだ少ないですが、ふえつつあります。

門のとびらをあけて中に入ると、庭があり、果物の木が植えてあります。ランなどの鉢植えも見られます。木立の下には、テーブルといすが置いてあり、天気のよい日は、家族そろってここでくつろぐこともあります。

▲玄関で。お父さんとお母さんと王さん。

通りから見た王さんの家。3階建ての建物。

▲庭にはたくさんの鉢植えがある。

▲庭にはテーブルが置いてあり、ここでおやつを食べたり、お茶を飲んだりしてすごす。

中国のユズが実をつけている。

くつをぬいで家の中へ

家の中に入るときは、玄関でくつをぬぎ、棚にくつを置きます。中国の古い家は、入り口に「福」などの文字を書いた縁起物をかけていますが、新しく建てた家では、あまり目だちません。王さんの家では、ドアノブに小さな縁起物がかけられていました。

室内に入ると、手前が居間になっていて、低いテーブルとソファーが置いてあります。ここで家族そろってテレビを見たり、おしゃべりをしたりします。

▲昔ながらのくらしが残る地域では、家の入り口や室内に、福をよぶ文字や縁起物をかかげている。中国の建国の父・毛沢東の肖像（壁の中央）をかけている家もある。

▲外ではくくつを室内用のサンダルにはきかえる。

▲玄関の横には、くつを置く棚がある。ここでくつをぬいで、家の中に入る。

▲ドアノブにかけられた縁起物。

▼居間でくつろぐ王さんの家族。両親、祖父母の5人家族。中国では三世代が同居する家庭も多い。

台所と寝室とトイレ

屋根裏部屋もある 3階建て

1階の居間の先には、丸いテーブルといすが置いてあり、ふだんはここで食事をします。台所との境には、備えつけの戸棚があり、食器や酒などをしまっています。

その奥は台所で、シンク（流し台）が2つあります。左側のシンクは食器を洗うところで、炊飯器などが置いてあります。右側のシンクのまわりは、おもに調理をするところで、ガスこんろがあります。近くには、しょうゆ、酢、塩、砂糖などの調味料や、八角、こしょう、トウガラシなどの香辛料が置いてあります。

2階には王さんの部屋、祖父母の部屋、ベランダ、3階には両親の部屋やお父さんの書斎があります。その上は屋根裏部屋で、おもに物置きとして使っています。

▲おもに食器を洗う流し台。炊飯器やスープ用のなべが置いてある。

▲調味料などを置くコーナー。中国の家庭料理には、トウガラシや八角は欠かせない。

▼家族そろって食事をする王さん。丸テーブルを囲んで、大きな皿に盛りつけた料理を取りわけて食べる。

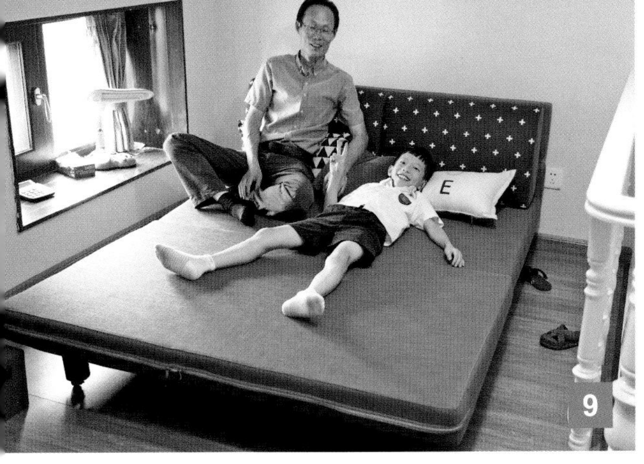

▲屋根裏部屋。ふだんは物置きとして使っている。お客さんを泊めるときは、ここを使う。

▲両親の部屋。「和」という文字の書を額に入れてかざっている。そこには「みんな仲よく」という思いがこめられている。

▲2階の王さんの部屋。机に向かって授業の予習や復習をする。

▲王さんのベッド。上にはおもちゃ箱をのせている。

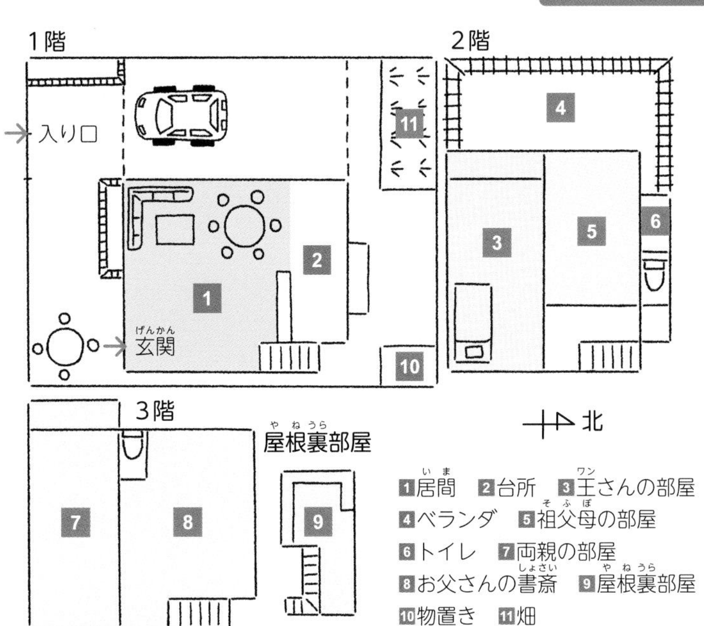

▲シャワー室（左）とトイレ（右）は一体になっていて、とびらで仕切られている。便座は洋式。

2階にあるベランダ。ふだんはプランターに野菜を植えたり、洗濯物を干したりする。テントはハイキングのときに持っていく。

庭は洗濯物干しや遊び場に

庭のすみに物置き場

庭の奥には、野菜を植えるための小さな畑があります。さらに先へ行くと、物置き場があります。ここはいろいろな道具やスポーツ用具をしまっておくところで、洗濯機もあります。お母さんはここで洗濯をして、庭に干します。ここには地中熱を利用した冷暖房装置もあります。

この庭は王さんの遊び場でもあります。ブランコ乗り、飛行機とばし、ドローンあげ、自転車乗りなどをして遊んでいます。

▲物置き場には洗濯機も置いてある。

▲地中熱を利用した冷暖房装置。

▲庭のそうじをする王さん。

▲庭の日当たりのよいところで、洗濯物を干すお母さん。

王さんの1日

王さんは武漢光谷外国語学校(→22ページ)の小学5年生です。朝7時前に起きたら、顔を洗い、服を着がえ、すぐに学校へ行きます。お母さんが車で学校まで送ってくれます。学校に着くと、まず食堂で朝食を食べます。授業は朝7時40分に始まり、午前は4校時まで、昼に昼食と昼寝をして、午後は7校時まで授業があります。夕方5時35分に学校で夕食をとり、その後、自習をして、8時半ごろ、お母さんがむかえにきます。家に帰ってから宿題などをして、10時ごろねます。

土曜日と日曜日は、朝9時に起きて、英語の塾やスポーツのクラブに行くほかは、映画を見るなどして、ゆっくりすごします。王さんが好きな科目は算数とコンピューター、美術などです。

将来は建築家になりたいな。

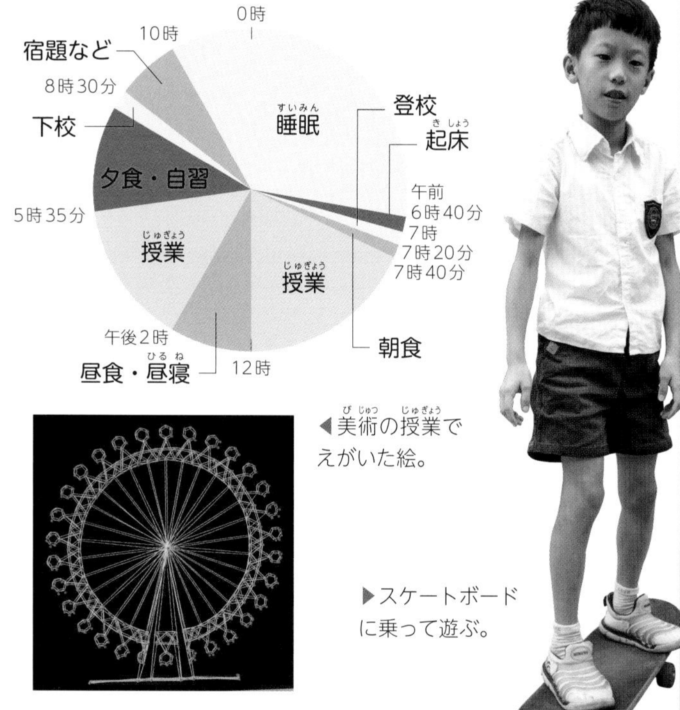

◀美術の授業でえがいた絵。

▶スケートボードに乗って遊ぶ。

都会のマンションでのくらし

武漢市の中心から東へ約10km行ったところに、桑さん（6歳）の住むマンションがあります。都会ではこのような高層のマンションが次つぎに建てられています。部屋の面積は96㎡で、ここに祖父母、両親、桑さん、弟の6人がくらしています。両親が働いているので、祖父母が家事や子どもたちの送りむかえなどをしています。

部屋は居間、台所、祖父母の部屋、両親の部屋、桑さんと弟の部屋、トイレなどからなります。窓つきのベランダに洗濯機があり、ここに洗濯物を干します。

▲11階建てのマンション。ここの2階に桑さんの家族が住んでいる。

▲台所。食事のしたくは、おもに祖母がおこなう。山西省出身で、郷里の名物のめん料理が得意。

▲日当たりのよいベランダには、洗濯機がある。

▲冷暖房としてはエアコンが各部屋にあり、計4台。操作はスマートフォンでおこなう。

居間で、テレビを見ながら家族そろって団らん。

▲桑さんは小学1年生で絵が好き。日曜日は絵画教室に通っている。

食と習慣①

にぎやかな食卓

朝食はおかゆが多い

中国の朝食といえば、北方では饅頭（あんなしの蒸しパン）、南方ではおかゆが定番ですが、パン食の家庭もふえています。おかゆは日本のものとくらべると、スープのように水が多めです。おかゆといっしょに、いろいろな野菜の漬け物など塩味のきいたおかずを食べます。

そのほか、家庭でよくつくる料理といえば、ちまきや春巻などがあります。

▲ちまきづくり。もち米とブタのバラ肉に、しょうゆや砂糖などを加えて味つけしたものを笹の葉でまく。それをなべに入れ、ふたをして煮る。

▲春巻づくり。小麦粉で皮をつくり、シイタケやタケノコなどの具を入れ、包んで揚げる。

◀おかゆづくり。なべに米と水を入れて、30〜60分くらい煮る。火を止めたら、5分くらい蒸す。

▶小豆入りのおかゆ。

▼豆腐のおからでつくったおかず。おかゆといっしょに食べることが多い。

▶いろいろな野菜の漬け物。

中国でよく飲まれるお茶

中国にはいろいろなお茶がありますが、地域によって、飲まれるお茶はちがいます。北方はジャスミン茶、上海など長江下流域は緑茶、南方はウーロン茶などがポピュラーです。地域によっては紅茶も飲まれます。

▼紅茶。いれ方は緑茶と同じ。

▲緑茶。ガラスの器に茶葉とお湯を入れ、コップにお茶を注ぐ。

親せきもそろって食事

田舎では、近所の人たちもいっしょになって、食事のしたくをして、いろいろな料理をつくります。ご飯がおいしく炊けるといって、薪や練炭で炊きます。野菜や肉はガスこんろでいためたり、揚げたり、煮たりします。都会でマンションぐらしをしている家族も、年に何度かは親せきどうしで集まって、食事をします。

▲庭先で練炭で火をおこして、レンコンのスープを煮こんでいる。

▲中国の包丁は、上下のはばが広く重いので、肉の骨などかたいものも切りやすい。

▲ガスこんろで野菜のいため物をつくる。

料理は大きな皿やどんぶりに盛って出す。それを各自で取りわけて食べる。レンコンのスープ、野菜と肉のいため物、魚のつみれなど、ごちそうがならぶ。

まちの食べ物屋さん

朝から外食をする人も

朝から外食をする人たちのために、まちにはおかゆの店やめん料理の店がたくさんあります。さらに食堂街に行くと、中国各地の地名をかかげた飲食店がならび、きそいあうように名物料理を出しています。最近は、欧米や日本の料理、ファストフードの店なども現れ、食の好みは多様化しています。食事どきになると、これらの店はお客さんでいっぱいになります。いっぽう、若者のあいだでは、食事の宅配をするバイク便を利用する人もふえています。

▲朝早くから営業しているまちのおかゆ屋さん。

▲最近人気のある汁なしめん。

▲ラーメンに似た牛肉めん。

食堂街の店。マーボー豆腐、ジャガイモの細切りいため、卵いためなど、何種類もの料理をならべている。お客さんは好みのものを皿に盛って、会計をする。

小腹がすいたときにひと口

夕方に少しお腹がすいたとき、おやつがわりにちょっと食べたいものとして、包子があげられます。日本では中華まんとして知られており、あんまんや肉まん、野菜まんなどがあります。あいだにぶた肉の角煮などをはさんだ饅頭も人気です。そのほか、伝統的な中国のお菓子や焼き栗なども、よく食べられます。最近では、ケーキやクッキーなど洋風のお菓子も売れています。

▲饅頭や包子を売る店。

▲まちのケーキ屋さん。ケーキを食べる人もふえてきた。

▲中国の伝統的なお菓子を売る店。

▲学校の近くにある軽食を売る店。子どもをむかえにきた親たちでにぎわう。

▲きな粉をまぶした春巻。

▲池や沼にはえるヒシの実。クリのような味がする。

中国の４大料理

広い中国では、食の文化もさまざまで、各地の名をかかげた有名料理がたくさんあります。そのなかでも、4大料理とされているのが、北京料理、四川料理、上海料理、広東料理です。北京料理は味がこいめで、北京ダックや水ギョウザが有名です。四川料理はマーボー豆腐などからい料理が多いです。上海料理はあまめでうす味、魚介類が多いのも特徴です。広東料理は素材の味をいかしたうす味の料理が多く、シュウマイなどの点心を食べる飲茶が有名です。

▲北京料理を代表する北京ダック。

▲四川料理のひとつ、マーボーナス。

▲上海名物の上海ガニ(モクズガニの一種)。

▲広東料理のひとつ、飲茶。

まちとくらし①

道路や鉄道のインフラ

電動バイクの普及

かつての中国の都市といえば、道路は自転車で行きかう多くの人であふれていましたが、最近はすっかりさまがわりしました。自家用車やタクシー、オートバイがよく目につきますが、なかでも最近広まっているのが電動バイクです。電動バイクは運転免許が必要ないうえ、手軽に充電できること、フル充電すれば20～40kmの距離を走ることなどから人気となっています。スマートフォンでタッチするとすぐ電動バイクを利用できるシェアバイクも広まっています。郵便局の小包配達、清掃用の車なども、電動式にかわっています。

▲電動バイクで小学生の孫をむかえにきたおじいさん。

▲シェアバイクを利用する人も多い。

下校時に混雑する小学校の前の道路。警察官が出動し、車をとめて歩行者を通している。

めざましい交通網の発達

道路や高速鉄道、地下鉄の開通など、この10年あまりの中国の発展ぶりには目を見はります。2007年に運行を開始した高速鉄道は、北京を中心に東西南北にのび、2019年末には総延長3万5000kmをこえ、世界一の規模をほこっています。おもな都市の地下鉄もあいついで開通。まちのなかを走る路線バスも網の目のようにはりめぐらされています。

▲2009年に建てられた武漢駅の改札。駅の構内に入るとき、安全のために持ち物検査がおこなわれている。

▲武漢駅を発着する高速鉄道。時速約350kmで走る。

▲明るくてきれいな武漢市の地下鉄。武漢市では2004年に1号線が開通して以来、2019年までに計9路線が営業している。

▲コイン型の地下鉄の切符。

▶武漢市の市内各所を結ぶ路線バス。バスの車両も新しく、2階建てバスも走っている。

▲地下鉄の構内にはられたポスター。乗車のマナーを守るようよびかけている。

緊急時にかけつける自動車

▲消防自動車。電話で119番にかけると、消防署からすぐにかけつける。

▲救急車。電話で120番にかけると、救急センターからすぐにかけつける。

みるみるかわる商店街

大型ショッピングモール登場

2006年から2019年にかけて、武漢市の光谷広場に「世界城光谷歩行街」というショッピングモールが建てられました。最初は地下1階、地上5階建てで、中庭に舞台もそなえた「現代風情街」というエリアが出現しました。つづいて闘牛士やフラメンコダンサーの像がたちならぶ「スペイン広場」、ヨーロッパの教会のような建物を中心とする「イタリア広場」「ドイツ広場」「フランス広場」といったエリアが次つぎにつくられました。通りにはレストランやカフェ、おしゃれなブランドショップがならび、若者たちや家族づれでにぎわっています。これらの通りや建物をバックに、結婚式用の写真を撮っているカップルをよく見かけます。

▲欧米の企業が経営するカフェがオープン。欧米の雰囲気を楽しむ客も多い。

▲おしゃれなブランドショップも次つぎにオープン。

▲ヨーロッパの教会のような建物を中心とするイタリア街。

「世界城光谷歩行街」に最初にできた「現代風情街」。レストラン、ファッション、ゲームセンター、映画館などの店が入っている。

動画が見られる!

昔からある食料品の市場。いろいろな野菜や果物、漬け物、調味料、魚、肉など、さまざまな店が集まっている。

商店街もさまがわり

大きなショッピングモールの近くには、昔ながらの雰囲気がただようまちなみが残っています。食料品の店がたくさんならぶ市場も買い物客でにぎわっています。そうしたなか、古い商店街も店内をきれいにするなどして、お客さんをひきつけようと努力しています。スーパーマーケットやコンビニエンスストアなども進出。買い物のさい、ほとんどの人は、スマートフォンのアプリで会計をしています。

◀果物屋さん。店内の配列もきれいにくふうしている。

▶「便利店」という24時間営業のコンビニエンスストアも、あちこちに見られる。

▲露店でも、スマートフォンのアプリで会計をしている。

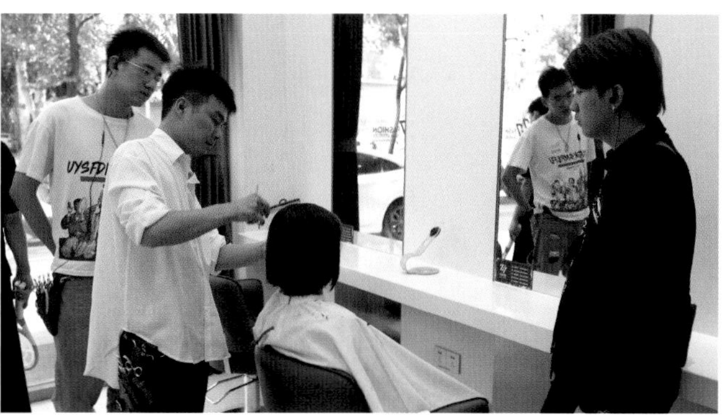
▲新しい床屋さんもオープン。最新のヘアメイクにも対応し、お客さんは男女をとわずおとずれる。

武漢市内にある私立学校

国際的な人材を育てる

武漢市の中心から東へ約10km行ったところに、武漢光谷外国語学校があります。2015年に開校したばかりの小・中・高の一貫校です。武漢市内の小学校の数は約620。そのうち私立は30と少ないですが、子どもの教育に熱心な家庭が多くなっていることから、私立学校の数もふえつつあります。

この学校のモットーは、まず第一に国際感覚にすぐれた人、つづいて創造力のある人、中国の伝統を大切にする人を育てることなどがあげられています。この学校には遠くの子どもたちでも入学できるように寮があり、70%の児童が寮でくらしています。寮生たちは週末には家に帰ります。

朝7時20分ごろになると、校門の前は子どもを送りにきた保護者でにぎわう。校門では、交代で当番の児童が出むかえる。

▲武漢光谷外国語学校の小学部の正門。ほかに中学部、高等部の校舎がある。

▲お母さん（右）といっしょに登校する王さん（→12ページ）。

▲学校で朝食をとる。メニューは饅頭（マントウ）、めん料理など。

▲夏に着る制服（せいふく）。このほか冬用、スポーツ用など、あわせて9種類ある。

▼月曜日の朝礼で、国旗をかかげるクラブと当番の児童。

中国の学校制度（せいど）		入学年齢（ねんれい）のめやす
初等教育	小学1～6年生までの6年間。一部に5年制（せい）もある。	6歳（さい）
中等教育	初級中学（中学）3年間。	12歳（さい）
	高級中学（高校）3年間。	15歳（さい）
高等教育	大学の本科4～5年間。	18歳（さい）

＊義務（ぎむ）教育は6～15歳（さい）の9年間。

＊初級中学卒業後の進路としては、高級中学のほか、職業（しょくぎょう）教育をおこなう中等専門（せんもん）学校、職業（しょくぎょう）中学、技術（ぎじゅつ）労働者学校などがある。

月曜日の朝礼では、愛国主義（しゅぎ）教育の一環（いっかん）として国旗の掲揚式（けいようしき）がおこなわれる。全員、右手を挙（あ）げて国歌をうたう。

英語と国語を重視した時間割

英語は週に10校時

1クラスの人数は30～35人。授業の1校時は40分で、午前中に4校時、午後に3校時あります。その中でも英語は週に10校時、国語は8校時、算数は4校時です。とくに英語の授業はクラスを半分にした少人数制で、そのうち4校時は外国人の教師が教えています。授業はすべて英語で、大型スクリーンを通じて、臨場感あふれる授業が心がけられています。

午前と午後の15分間の休み時間には目の体操をおこない、昼休みには昼寝の時間を設けています。

教室内には、かばんを置く棚があり、教科書やノートは、宿題以外は家に持ち帰らずに、机の下に入れておきます。各教室には本棚があり、いろいろなジャンルの本がならんでいます。

▲教育用のマルチメディアを利用した授業。

▲国語の教科書を読む児童。

5年生の国語の授業。しっかりと声を出して読む練習をしている。

5年生の時間割

校時	時間	月曜日	火曜日	水曜日	木曜日
	7時40分 ～7時55分	朝の読書			
1	8時 ～8時40分		算数	国語	美術
2	8時50分 ～9時30分	算数	英語（外）	技術	英語（外）
	9時30分 ～10時	国旗掲揚式	体操		
3	10時 ～10時40分	国語	音楽	英語（中）	音楽
	10時40分～10時55分	目の体操			
4	10時55分～11時35分	国語	英語（中）	英語（中）	国語
	11時35分～12時5分	自習			
	12時5分 ～2時	昼食・昼寝			
5	2時 ～2時40分	英語（外）	体育	算数	国語
6	2時50分 ～3時30分	英語（外）	国語	体育	英語（中）
	3時30分 ～3時45分	目の体操			
7	3時45分 ～4時25分	クラス会	コンピューター	道徳	体育
	4時35分 ～5時35分	課外活動			
	5時35分 ～6時30分	夕食・課外活動			
	6時30分 ～8時20分	自習			

校時	時間	金曜日
	7時40分 ～7時55分	朝の読書
1	8時 ～8時40分	国語
2	8時50分 ～9時30分	英語（外）
	9時30分 ～10時	体操
3	10時 ～10時40分	算数
	10時40分～10時55分	目の体操
4	10時55分～11時35分	国語
	11時35分～12時5分	自習
	12時5分 ～12時30分	昼食
5	12時30分～12時50分	筆記
	12時50分～1時5分	目の体操
6	1時5分 ～1時45分	美術
7	1時55分 ～2時35分	理科
8	2時45分 ～3時25分	英語（中）
	3時30分	下校

＊英語（外）は外国人による英語、英語（中）は中国人による英語の授業。

▼各教室にある本棚。毎朝、始業前の読書の時間に、好きな本を取りだして読む。

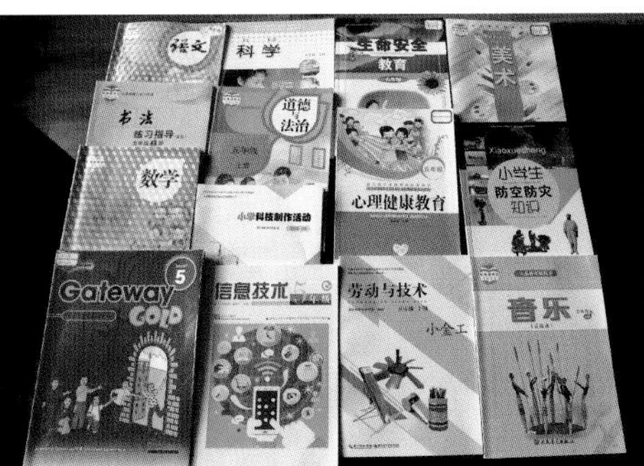

▲小学5年生の教科書。すべて国が支給する。

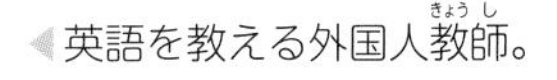

◀英語を教える外国人教師。

▲かばんを置く棚。

小学2年生の図書館での授業。ねころぶ人、座る人、思い思いの姿勢で、本を読みふける。

▲目の体操。目の健康や近眼予防のため、目のまわりをマッサージする。

▲昼寝タイム。昼食後の1時間半、昼寝をする。これで午後も授業に集中できる。

学校生活③

ユニークな課外活動

47種のメニュー

月曜から木曜までの週4回、午後の7校時目が終わったあとの1時間、課外活動の時間があります。スポーツ系はサッカー、バスケットボール、テニス、卓球、ゴルフ、フェンシングなど、音楽系はピアノ、バイオリン、ギター、アコーディオンなど、工作系は木工や陶芸など。あわせて47種あり、低学年は1人で3つ、高学年は1人で2つの活動を選ぶことができます。いずれも学内の先生やプロの先生が、レベルの高い指導をおこなっています。

▲アナウンサーになるためのレッスンを受けている。

▲陶芸を選んだ児童たちの作品。

▲バイオリンの教室。

▲フェンシングの教室。

食事タイム

この学校は寮があるので、食堂では1日に3回分の食事を用意しています。栄養を考えて、毎食ちがうメニューを出しています。

▲夕方5時35分から食堂で夕食。

▲メニューは、とり肉のから揚げ、緑豆のスープ、リンゴ、ご飯など。

▲食べおわったら、それぞれ食器類を運んで片づける。

桂平市郊外にある公立小学校

中国の南部、広西チョワン族（チワン族）自治区にある桂平市の中心から北西へ約30km行った農村地帯に、公立の棉寵小学校があります。学年は1年生から6年生まで、1クラスの人数は40～50人です。ここには就学前児童のクラスもあります。

この学校でとくに力を入れているのは、礼儀と親孝行です。学校を囲むへいには、中国の思想家で儒教をおこした孔子の教えが書かれていることからも、学校の教育方針がうかがえます。朝7時40分に学校が始まりますが、その前に子どもたちは校門の前や校庭をそうじして、きれいにしています。

授業は午前中4校時、午後3校時あり、昼食は家に帰って食べます。月曜日は2校時と3校時の間の25分休みに、朝礼（国旗の掲揚式）をおこないます。

6年生の時間割

校時	時間	月曜日	火曜日	水曜日	木曜日	金曜日
	7時40分～7時50分	朝会（朗読）				
1	8時～8時40分	探究	科学技術	労働	国語	伝統
2	8時50分～9時30分	算数	国語	コンピューター	国語	算数
	9時30分～9時55分	国旗掲揚式	スポーツ			
3	10時～10時40分	国語	地方	理科	算数	国語
4	10時50分～11時30分	英語	算数	国語	総合	英語
	11時30分～2時	昼食・昼寝				
5	2時～2時40分	安全	芸術	芸術	体育	芸術
	2時40分～2時45分	目の体操				
6	2時50分～3時30分	理科	道徳	科学技術	道徳	クラス活動
7	3時40分～4時10分		保健体育	体育	理科	体育

探究：国や地方についての学習。
安全：交通、食品、家事など。
地方：地域学習。
芸術：音楽と美術。
労働：そうじなど。
総合：生活全般に関する学習。

▲授業が始まる前、学校のまわりをきれいにそうじする。

▲へいにかかれた孔子の肖像と「論語」という文字。

▲6年生の算数の授業のようす。

◀月曜日の朝礼で、国旗の掲揚式をおこなう。

昔の遊び・今の遊び

動画が見られる!

屋外の遊び

学校では午前中の2校時目が終わったあとに、子どもたちは外に出て、いろいろな遊びやスポーツをします。よくやるのがなわとび、低学年はすべり台や「チウチエン」というブランコに似た遊具などの遊びです。女の子は日本でも見られる「かごめかごめ」「ロンドン橋落ちた」「アルプス1万尺」のような遊びをしています。

▲中国のじゃんけんは、日本と同じ。チエンタオ(はさみ)、プー(布)、シートウ(石)で、そのかけ声をかけながら、手を出して勝敗を決める。

動画が見られる!

▲なわとび。日本と同じように、大人数で大なわとびをすることもあれば、1人でなわとびをすることもある。

▲「チウチエン」というブランコに似た遊具。まちの公園でよく見かける。

日本の「かごめかごめ」に似た遊び。鬼は輪の中にしゃがんで目かくしをする。ほかの子たちはうたいながらまわって、歌が終わったとき後ろにいる子を当てる。

屋内では中国象棋

男の子は、休み時間などに囲碁や中国象棋（日本の将棋に似たゲーム）などをよくやります。中国では象棋や囲碁、ブリッジなどは、「頭を使うスポーツ」というよいイメージがあるので、子どもたちのあいだではやっています。最近は、「大富翁（大富豪）」というテーブルゲームも人気です。

▲囲碁。日本の囲碁とほとんど同じだが、日本は囲った領域の広さで勝敗が決まるのに対し、中国は石の数で決まる。

▲円盤（ルーレット）とお金。

▲「大富翁」というゲーム。12に分かれている円盤をまわして、進んだところに書かれているお金をもらって、たまった金額をきそう。日本の「人生ゲーム」に似ている。

▲中国象棋。日本の将棋に似ているが、中国象棋は取った駒を使うことができない。

▲ブロックおもちゃは子どものあいだで大人気。

大人たちが熱中するゲーム

大人たちは、マージャン（左）やトランプ（右）が好きな人が多く、まちかどや公園などで昼間からやっているのをよく見かけます。

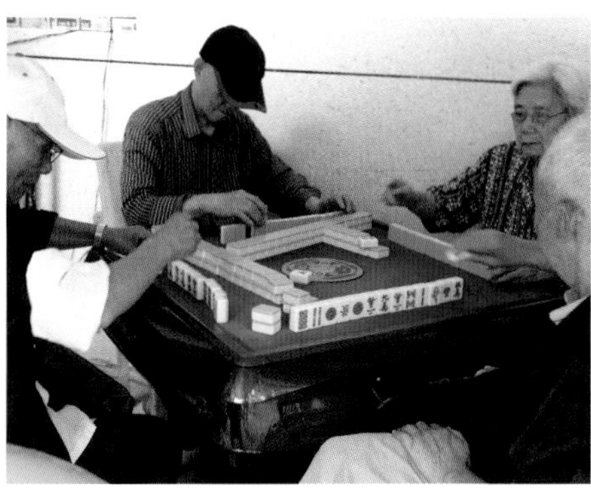

休みの日は思いきり楽しむ

映画館やテーマパーク

中国の映画界は、スケールの大きいアクション物や歴史物、ホラー物など、次つぎにヒット作を出していることから、中国は「映画王国」ともよばれています。映画館では、中国映画のほかにアメリカ映画や日本映画も上映され、人気をよんでいます。

都市では公園や遊園地、さらに大きな規模のテーマパークなどが整備されています。なかでも新しくできたテーマパークは、いろいろな乗り物やVR（バーチャルリアリティ）などもりだくさんで、休日になると家族づれでにぎわっています。

▲武漢市の光谷歩行街にある映画館。休日には家族づれでにぎわう。

▲日本のアニメーション「名探偵コナン」も大人気。

▶バイキングとよばれる船の形をした乗り物。

武漢市にあるテーマパーク。2017年に開園した。多くの乗り物や4Dシネマなどがあり、リピーターも多い。

今年はもう３回目。大人も子どもも楽しめます。

サッカーや卓球

最近、中国で人気のあるスポーツといえば、サッカーかバスケットボールかといったところです。中国の国技といわれる卓球やバドミントンもさかんです。しかしながら多くの小学生は勉強や塾などでいそがしくて、なかなかスポーツに熱中できないようです。

いっぽう、手軽に楽しめるスケートボードやバランススクーターなどの遊具も広まっています。

▲いろいろなところに卓球台があり、年齢をとわず、楽しんでいる。

▲学校の課外活動でサッカーをおこなう。

▶バランススクーター。電動の2輪車で重心を前後することでスピードを調整する。

公園で楽しむ人びと

公園に行くと、朝から太極拳やダンスをする人、楽器を演奏する人、うたう人など、あちこちにグループができて楽しんでいます。公園は人びとにとって、なかまたちと集まるいこいの場となっているようです。

▲公園でダンス。年配の女性たちも参加している。

動画が見られる!

▲京胡とよばれる胡弓（弦楽器の一種）を演奏する人。伝統芸能の京劇の伴奏で使われる。

◀中国に伝わる武術のひとつ、太極拳。健康によいとされ、高齢者のあいだでもさかん。

中国のおもな祝祭日

中国最大の行事「春節」

中国の2大行事といえば、日本の正月にあたる春節と、建国記念日の国慶節があげられます。どちらも7連休の休みとなるため、多くの人は実家のある故郷へ帰ったり、国内や海外へ旅行に出かけたりします。

春節は旧暦でおこなわれるので、年によって1月末から2月にかけて日がかわります。春節が近づくと、駅や空港は帰省客や旅行客でにぎわい、高速道路は渋滞となります。

まちも春節の料理の材料やかざり物を買うお客さんたちでにぎわいます。前日の大みそかは、年長者のいる家に家族や親せきが集まり、ごちそうを食べたり、国民的なテレビ番組を見たり、おしゃべりをしたりしてすごします。

翌日の春節の朝は、ご先祖さまにごちそうを供え、家族の無事を祈ります。そして年長者は子どもたちにお年玉をあげます。春節のあいだ、お寺や公園などには、縁起物を売る店がならび、獅子舞や竜の踊りなど伝統芸能が演じられます。春節は中国本土だけでなく、世界中の中国人がお祝いします。

中国の祝祭日*　（　）内は2020年の場合

1月1日	元日	西暦の正月。
旧暦1月1日 （1月25日）	春節	中国の正月。 前日の24日から30日まで7連休。
4月5日前後	清明節	3連休。先祖の墓参り。「草をふむ日」とされ、ピクニックに行く。
5月1日	労働節	労働者の日（メーデー）。 5日まで5連休。
旧暦5月5日 （6月25日）	端午節	27日まで3連休。ボートレースをしたり、ちまきを食べたりする。
旧暦8月15日 （10月1日）	中秋節	満月にお供えをして、月餅を食べる。 家族で月を見る。
10月1日	国慶節	中国の建国記念日。7日まで7連休、2020年は中秋節とかさなり8連休に。

＊中国では春節、清明節、端午節、中秋節など、昔からおこなわれてきた伝統行事のほかに、メーデーや建国記念日などが祝祭日に定められている。

▲小学生がかいた中秋節の絵。

▲小学生がかいた国慶節の絵。

▶▼新年を祝うおかざり。「福」の字などおめでたい言葉や絵をかいたものを玄関などにはる。

▼大みそかには縁起物とされる魚の料理をはじめ、肉料理、ギョウザなどをたくさんつくる。この家の食卓には、魚のつみれスープやぶた肉の角煮、とり肉料理などがならぶ。

獅子舞。獅子は縁起物とされる。1人が頭に入って動かし、もう1人が後ろに入って胴体をくねらせて踊る。

▲年長者は子どもにお年玉をあげる。子どもたちは「万事如意（何事もうまくいきますように）」と言いながらもらう。

▲銅鑼や太鼓の楽団が音楽を演奏し、気分を盛りあげる。

日本の横浜中華街の春節

毎年、旧暦の春節の日は、日本でも横浜（神奈川県）の中華街や神戸（兵庫県）の南京町でお祝いの行事がおこなわれます。横浜中華街では獅子舞がくりだし、一軒ずつ店をまわり、福を願って舞をします。中国の三国時代の蜀の武将・関羽をまつる関帝廟は、多くの初詣客でにぎわいます。

▲店をまわる獅子舞。

▲関帝廟で初詣をする人びと。

盛大におこなわれる結婚式

式は２度以上することも

中国では、結婚年齢の平均が男性29歳、女性27歳（2018年、武漢市）と、以前より高めになっています。恋愛結婚のほか、親せきや友人の紹介による見合い結婚が多いそうです。インターネットのお見合いサイトで知りあうケースもふえています。いざ結婚となると、新郎は新居を用意しなければならないので大変です。

中国の結婚式は、人をたくさん集めて盛大におこなわれることが多いです。地方では実家の近所の人びとが集まり、道路をかざります。実家が離れている場合は、それぞれの故郷で2度、3度とおこなう人もいます。都会では、結婚式場やホテルなどでオーケストラをよんで劇場さながらの演出でおこなうこともあります。

ここでは3つの例を挙げましたが、中国は広いので、地域や民族によってもちがいます。最近では、親しい友人たちだけで簡単にすませるカップルもふえています。

山西省の地方の結婚式

▲近所の女性たちが、踊りながら新郎・新婦の馬車を先導する。

▲新郎が新婦をむかえにいき、馬車（写真後方）に乗せ式場まで行進する。

かざりつけられた通りをぬけて、式場へ向かう新郎・新婦。

陝西省の地方の結婚式

▲司会者が新郎・新婦を紹介する。最初、新婦はベールをつけている。

▲おたがいに腕を交差させて、お酒を飲み、結婚の約束をかわす。

武漢市のホテルでの結婚式

▲新郎が新婦に花束をわたす。

▲新郎・新婦が各テーブルをまわり、乾杯をする。

ここに注目!

まちのあちこちで記念撮影

武漢市の光谷広場に行くと、貸衣装の店や、結婚の記念写真を専門にする写真館などが目に入ります。各所でまちのモニュメントを背景に、記念写真をとっているカップルを見かけます。写真館でとった写真は大きくポスターのようにのばしてかざったり、記念アルバムにしたりします。

結婚式の衣装は貸衣装店で借りることが多いです。白のウェディングドレスが主流ですが、最近、赤い伝統的な衣装も人気のようです。お色直しのときに、新婦が赤い伝統衣装に着がえることもあります。

▲貸衣装店。白いウェディングドレスが多いが、中国の伝統衣装も人気。

▲結婚式の撮影を専門にしている写真館。

▲記念アルバムの撮影をするカップルとカメラマン。

郊外の農村地帯のくらし

▲畑に種をまきにきた農家の人。豆や野菜など、売れすじを見ながら、毎年7～8種類の野菜を植えている。

◀新洲区の農村にある野菜の集荷場。農家で収穫された野菜を集めている。

さまがわりする農村

武漢市の中心から東へ約25km行ったところに、新洲区の農村があります。その途中、工事中の道路や建設中のビルがのきなみ続き、まさに建設ラッシュです。農家の建物も、次つぎに建てなおされています。

農家の人たちは、近くのまちで売るための野菜をつくっています。村には野菜の集荷場があり、そこで大きさをそろえるなどして出荷の準備をしています。農家の仕事がひまなときは、工場などに働きに出ています。

そうした農村地帯でくらす、葉さん（10歳）の家を訪ねました。両親と弟の4人家族で、敷地内には祖父母の家もあります。祖父は農業をしていますが、お父さんはトラックの運転手、お母さんは会社づとめをしています。葉さんは平日は学校に行き、夕方帰ってから、弟に勉強を教えたり、自分の宿題をしたり、家事を手伝ったりします。土曜日は英語の塾、日曜日はダンスの練習をしています。

▲野菜を植えた畑（手前）と、新しく建てられた農家の家（後方）。

◀葉さん（左から2番目）の家族。リビングでいすに座って団らん。

▼3階建ての家。1階は居間と台所、葉さんの部屋、トイレなど。

▲祖母（中央）と葉さんと弟。後ろにあるのは水浴び用のプール。

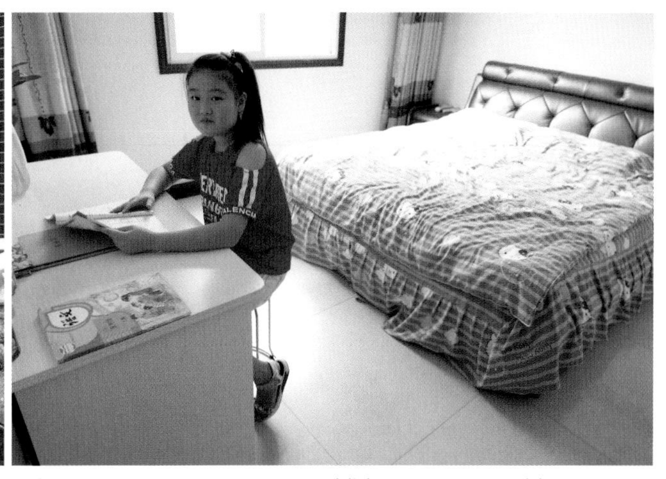

▲葉さんの部屋。英語や国語の予習・復習をする。ダンスが得意だという。

▶居間にかざられた刺しゅうの絵。視力検査表や賞状などもある。

▼トイレ。シャワーもここで浴びる。

くらしの多様性②

昔から伝わる工芸や技術

伝統を大切にする人びと

中国では、紀元前の昔からさまざまな技術が発展し、今に伝えられているものも多数あります。生地の上に色糸をさしてもようをえがく刺しゅうもそのひとつで、はじめは皇帝の衣服に竜などのもようを刺しゅうしていたのが、やがて一般にも広まり、蘇州など各地でつくられるようになりました。いずれも細密な絵がらが特徴です。

漢字を美しく見せようという書の芸術は、4世紀、王羲之により確立され、唐の時代までに草書、行書、楷書など5つの書体が完成したといわれています。そうした歴史を背景に、今も書の芸術を追求している人がいます。

昔ながらの綿打ちの技法でふとんをつくる職人さんもいます。綿打ちとは、弓に糸をはり、その糸を綿にあてながらはじくことによって綿をふわふわにする技法で、日本でも昔は使われていました。また、医療の世界では、鍼灸術を使った伝統的な治療法が今もさかんにおこなわれています。

▼武漢の刺しゅう工房。3人がかりで競技大会の旗をつくっている。

みなさんが喜んでくれるので、やりがいがあります。

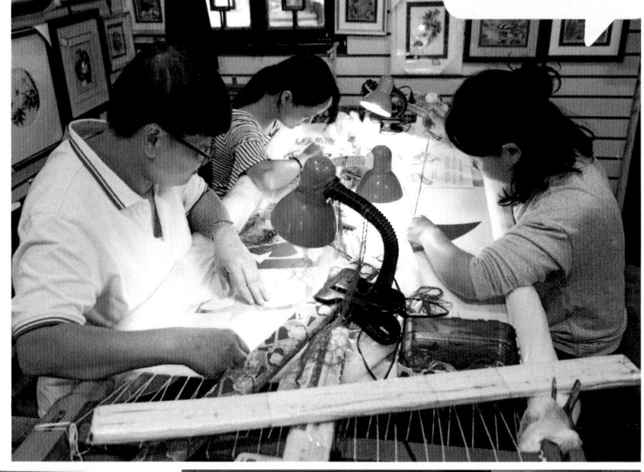

刺しゅう工芸

絵や写真のように実物そっくりに仕上がった刺しゅう。

書道

▲作品を見せてくれた書家の呂さん。「学校でも伝統を大切にするようになったので、これからが楽しみ」という。

▲「学校に書道クラブがないので、ここで練習を始め、4年になります」という呂さんのお弟子さん（中学2年生）。

ふとんづくり

▲たて・横・ななめに糸でまいて、ふとんのできあがり。

◀ふとんづくりをする職人さん。弓状の木にはった糸をはじいて振動させ、綿の繊維をほぐす。「この仕事は120年以上も続き、自分で4代目です」という。

鍼灸療法

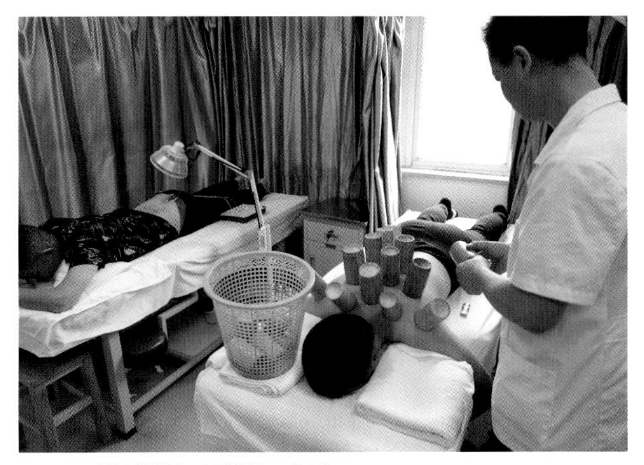

▲中国の伝統療法の鍼灸術で治療をおこなう病院。

縁起物づくりの伝統

針と糸で、子犬や縁起物をつくる女性。代だい受けつがれてきた技法だといいます。

親せきや知りあいに贈ります。

少数民族のくらしと風習

最大の少数民族チョワン族

中国の人口は約14億人、そのうちの約92％が漢族です。そのほかに1800万人にのぼるチョワン族（チワン族）をはじめ、満州族、回族、ウイグル族、ミャオ族、トゥチャ族、イ族など55の少数民族が住んでいて、あわせると1億人をこえます。それぞれ独自の生活や文化をはぐくんできましたが、最近では、漢族にすっかり同化して、見た目はちがわないくらしをしている少数民族もいます。

チョワン族は「壮族」と書き、おもに南部の広西チョワン族自治区や雲南省、広東省などに住んでいます。独自の言語をもっていますが、文字はなく、言葉はローマ字で表記されます。今ではほとんどの人が中国語を使っています。祭りのときなどに、一部の地域では民族衣装を着て、踊りや歌をひろうします。男女間で歌をうたって気持ちを伝える「歌垣」の風習が残っているところもあります。

▲広西チョワン族自治区の桂平の郊外にある村。漢族の家と同じつくりの家が見られる。

▲チョワン族の「三月三」の祭りでつくられた料理。

▼中国紙幣の裏に書かれた少数民族の文字。一番上は中国語のローマ字表記、続いてモンゴル語、チベット語、ウイグル語、チョワン語。

旧暦の3月3日は、チョワン族の間では「三月三」という祭りの日。民族衣装を着て、たくさんの料理をつくる。

▲食事をするチョワン族の家族。

▲とり肉のトウガラシいため（上）や、野菜スープ（下）など。

▲井戸で水くみをして、洗濯をする女性たち。

▲ご飯をたくときなどに使うたきぎを集める女性。

活発化する中国の信仰

かつて中国では、道教をはじめ大乗仏教、チベット仏教、イスラム教、キリスト教などが信仰されていましたが、1966～1976年の文化大革命で、宗教や迷信は社会の害悪とされ、寺院などが破壊されました。ところが改革開放が始まった1978年以降、宗教政策がゆるめられ、寺院や教会を訪れる人もふえました。道教や仏教の寺院で、人びとは長い線香に火をつけて、手でささげもって何度も頭を下げてお祈りします。

▲イスラム教のモスク（礼拝堂）。信者はここに座ってお祈りをする。

▲キリスト教カトリックの教会内にあるマリア像。

▲道教の寺院。

▲仏教の寺院でお祈りをする人びと。

急速に進む環境整備

国をあげた取り組み

最近の中国では、都市部を中心にまちの清掃がいきとどくようになりました。道路は散水車できれいにそうじされ、200mおきくらいにごみ箱が置いてあります。公園には「きれいにしましょう」と書かれた看板や横断幕がかかげられています。公衆トイレも新しく、きれいに保たれている場所が多くなりました。

二酸化炭素（CO_2）の排出量が世界最大の中国にとって、CO_2の削減は緊急の課題です。2015年にパリで開かれた国連気候変動枠組条約第21回締約国会議（COP21）で、中国は2030年までにCO_2の排出量を2005年とくらべてGDPあたり60～65%へらすこと、一次エネルギー消費にしめる非化石燃料の比率を20%に高めることなどを表明しました。太陽光や風力、原子力による発電に力を入れ、SDGs（持続可能な開発目標）に取り組んでいます。

自動車も電気自動車がふえています。新築の家には充電設備を義務づけるなど、法整備も進めています。

▲信号機がない環状交差点。ヨーロッパで始められた方式で、渋滞の緩和につながることから中国でも取り入れられている。

▲公園にはられた横断幕。「みんなで美しいふるさとをつくろう」とよびかけている。

武漢市の公園にある銅像。ごみを拾ってごみ箱に捨てる子どもたち。

◀公園の看板。「ひとつの花や草にも命がある」と、書かれている。

▲まちのごみ箱から、ごみを回収する職員。

◀分別ごみの集積所。生ごみ、紙などの乾燥ごみ、電池などの有害ごみ、びんやかんなどのリサイクルごみに分けられている。

▲朝、暗いうちから歩道のそうじをする職員。

▲散水車。水の力でごみを路肩におしやっている。

▲新しくつくられた公衆トイレ。

▲トイレの中はいつもきれいに保たれている。

まちなかに設置されたソーラーパネル。中国の太陽光発電導入量は世界の約3分の1をしめる（2018年）。

▲電気自動車用の充電設備。マンションには多数そなえられている。

深まる中国と日本の関係

平和友好条約を結んで42年

日本は中国と1972年に国交を正常化、1978年に日中平和友好条約を結び、翌年から中国の経済発展を支援する政府開発援助（ODA）を開始しました。以来、港や鉄道、上下水道などの建設、環境汚染対策、環境や生態保全など、さまざまな支援をおこなってきました。

そのあいだに、歴史問題や領土問題をめぐって対立することもありましたが、中国の四川大地震（2008年）や日本の東日本大震災（2011年）のときは、たがいに救助や復興支援の手をさしのべました。経済的にも深く結びついて、ともに欠かすことのできない重要な国となっています。2018年に新規のODAは終了しましたが、新たな交流や協力が模索されています。

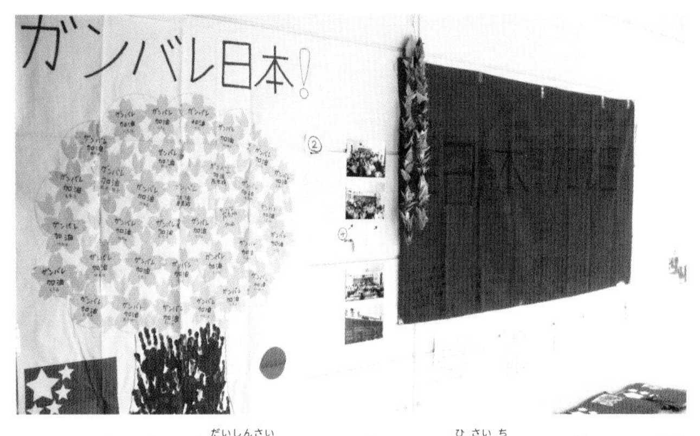

▲2011年の東日本大震災のとき、中国から被災地へはげましの手紙がよせられた。（写真提供：JICA）

▲国際協力機構（JICA）の青年海外協力隊員として中国の環境教育にたずさわる秋吉楓さん（中央）。音楽イベントやマラソン大会で、参加者にごみ分別をよびかけるなど、環境にやさしいイベントづくりに取り組んでいる。（写真提供：JICA）

2008年の四川大地震で派遣された日本の国際緊急援助隊。学校の3階部分の床に穴をあけて、1階、2階に取り残された子どもたちを助けようとしている。（写真提供：JICA）

高まる日本への関心

日本のポップカルチャーは中国でも根強い人気があり、多くの中国人がアニメや漫画を通して日本への関心を高めています。書店には日本人作家のコーナーもあります。大学入試の外国語試験のひとつとして、英語のほかに日本語も採用されたことから、日本語を学ぶ高校生がふえています。

また、中国と友好都市を結んでいる日本の都市は254にものぼり、交流を深めています。日本を訪れる中国人の数も多く、2018年には800万人をこえました。

▲武漢市の書店の日本人作家コーナー。夏目漱石らの翻訳小説がならぶ。

◀1979年に武漢市と友好都市関係を結んだ大分市。以来、両市は経済、教育、文化、スポーツなどさまざまな分野で交流と協力を通じて友好を深めてきた。写真は日中国交正常化45周年記念の中学生卓球交歓大会（2017年）。
（写真提供：大分市）

中国へ進出する日系企業

まちを歩くと、飲食店やコンビニエンスストア、ショッピングモールなど、日本でもなじみの店が目に入ります。中国には小売業のほかにも自動車や鉄鋼、ハイテク産業など、さまざまな日系企業が進出しています。その数は1万3685社にのぼります（2019年）。

▶外食チェーンの吉野家。

▼コンビニエンスストアのローソン。

▶衣服や生活雑貨をあつかう無印良品。

インタビュー

カレー店を開いた嶋田さん

福岡市で中国人留学生にカレーを出したら、「カレーを食べるのははじめて」と感激されました。その後、「武漢市でカレーの店を開きたいので、協力してほしい」とたのまれ、定年退職してから、中国へわたりました。武漢では店の手伝いをするかたわら、日本語教室や交流会も開いています。中国人は心があたたかく、居心地がよいです。

中国基本データ

正式国名

中華人民共和国

首都

北京

▲明と清の時代に皇宮があった北京の故宮。

言語

公用語は中国語。地域による方言が多いため、標準語の普及を進めている。55の少数民族は、一部をのぞいてそれぞれの言語をもち、日常的に使っている。

民族

全人口の92%以上が漢族。残りの8%はチョワン族、満族、回族、ミャオ族、ウイグル族、イ族、モンゴル族など55の少数民族がしめる。

宗教

中国で起こった儒教や道教の教えは、人びとの生活習慣の中に浸透している。1978年の改革開放以降、道教、仏教、チベット仏教、キリスト教、イスラム教が公認され、宗教を信仰する人がふえている。

通貨

通貨単位は元。1元は約15.6円(2019年12月)。1元は10角。紙幣は100、50、20、10、5、1元など。硬貨は1元、5角、1角などがある。

▲100元紙幣と1元、5角、1角硬貨。紙幣の表は中国建国の父・毛沢東の肖像がかかれている。

政治

人民民主共和制。社会主義国家で共産党による一党支配。元首は国家主席。議会は省や自治区、直轄市、人民解放軍などから選出された代表からなる全国人民代表大会の一院制。代表は2980人（2018年～）。

▲日本の国会議事堂にあたる北京の人民大会堂。

情報

テレビは中国中央テレビ局のほか、北京テレビ、上海テレビなどの地方局。ラジオは中央人民放送、国際放送など。新聞は共産党の機関紙「人民日報」のほか、英字紙の「チャイナデイリー」、地方紙の「北京日報」などがある（2019年）。

産業

国内総生産（GDP）は13兆4074億ドルで、アメリカについで世界第2位。1人あたりGDPは9608ドル（2018年）。第一次産業は名目GDPの7%、第二次産業は41%、第三次産業は52%。農業は米、小麦、大豆、綿花など。資源は鉄鉱、石炭、天然ガス、レアメタルなどがある。

貿易

(2017年)

輸出総額 2兆2804億ドル

おもな輸出品は機械類、衣類、繊維と織物、金属製品、自動車など。

おもな輸出先はアメリカ、香港、日本、韓国、ベトナム。

(2017年)

輸入総額 1兆8423億ドル

おもな輸入品は機械類、原油、精密機械、自動車、鉄鉱石など。

おもな輸入先は韓国、日本、アメリカ、ドイツ、オーストラリア。

日本への輸出

19兆1871億円 (2018年)

おもな輸出品は電気機器、一般機械、衣類、化学製品など。

日本からの輸入

15兆9010億円 (2018年)

おもな輸入品は一般機械、電気機器、自動車部品、科学光学機械など。

軍事

(2019年)

総兵力 約203万5000人

陸軍は約97万5000人、海軍は約25万人、空軍は約39万5000人、戦略ミサイル部隊は約12万人、戦略支援部隊は約14万5000人。徴兵制と志願兵役制がある。兵役は2年。

中国の歴史

中国最古の王朝「殷」

紀元前6000年ごろ、黄河や長江流域で作物の栽培が始まり、やがて都市がつくられ、中国文明が生まれた。紀元前1600年ごろ、黄河流域に中国最古の王朝の殷がおこり、青銅器や漢字のもととなる甲骨文字が発明された。紀元前1100年ごろ、周がおこり、豪族に土地をあたえて支配する封建制をしいて国を治める。紀元前8世紀ごろ、各地の有力諸侯が争う、春秋・戦国時代に入った。この時代には孔子や老子、墨子など多くの思想家が現れた。

▲紀元前5世紀、青銅器でつくられた楽器（湖北省博物館蔵）。

秦が中国を統一

紀元前221年、秦の始皇帝が中国を統一、郡県制により地方を支配した。貨幣や度量衡、文字を統一し、万里の長城の修築などをおこなった。つづいて紀元前202年、漢がおこり、以後約4世紀にわたり中国を支配。この間、紙が発明され、西アジアやローマをつなぐシルクロードが整備された。220年に後漢がほろんだのち、魏・呉・蜀の三国時代をへて、南北にわかれて王朝が次つぎに交代する南北朝時代をむかえた。この時代に、仏教が広まり、敦煌や雲崗などに仏像や寺院が建てられた。

世界的な大帝国が出現

589年、隋が中国を統一。土地制度の均田制をおこない、中央集権化をすすめ、科挙制度をもうけて広く優秀な人材を集めた。618年、唐がおこり、都の長安（現在の西安）を中心に、世界的な大帝国を建設。東西貿易がさかんになり、詩、絵画、書など宮廷文化も開花した。

907年に唐がほろび、五代十国時代をへて、960年、宋が中国を統一。やがて東北地方の女真族が建てた金が侵入し、宋は1127年、江南へ移り臨安（現在の杭州）に都を置いた。北のモンゴル高原では、チンギス・ハンがモンゴル帝国をおこし、中央アジア、西インド、南ロシアにまで領土を広げた。第5代皇帝のフビライ・ハンは、大都（北京）を都として元をおこし、中国を支配。モンゴル帝国のもと、東西交流がさかんになった。

1368年、明がおこり、モンゴル軍を北に追いかえした。第3代皇帝の永楽帝の時代に、東北地方やベトナム方面に遠征軍を送り、鄭和をインド洋から東アフリカに遠征させた。17世紀、東北地方におこった女真族が後金をおこし中国に進出し、1636年に清を建国。やがて中国全土を支配し、領土は中央アジア、北アジア、東南アジアの一部などにおよび、最盛期をむかえる。明末から清代にかけて、ヨーロッパからイエズス会宣教師が渡来し、ヨーロッパの新しい学問や知識を伝えた。

中華人民共和国成立

18世紀後半に入ると、欧米列強が中国に進出。イギリスとのアヘン戦争（1840年）、イギリス・フランスとのアロー戦争（1856～1860年）、日本との日清戦争（1894年）に敗れ、外国による半植民地化が進んだ。

20世紀に入ると、中華の回復を求める運動が高まり、1911年、孫文の指導のもと辛亥革命がおこり、中華民国が成立する。しかし軍閥を中心に抗争がはげしくなり、日本が中国に進出。1932年、満州国を建国し、日本の支配下におき、1937年、日中戦争に突入した。

アジア・太平洋戦争後、共産党と国民党との内戦が始まり、1949年、共産党が本土を制圧し、毛沢東を主席とする中華人民共和国が成立する。文化大革命後の1978年から鄧小平による改革開放政策が進められ、1990年代以降、めざましい経済発展をとげた。2008年には北京オリンピックが開かれ、2010年には国内総生産（GDP）が日本をぬいて、世界第2位の経済大国となった。

◀武漢市の中山公園にある孫文とその妻・宋慶齢の像。

さくいん

あ

か

さ

た

な

は

ま

やらわ

取材を終えて

吉田忠正

中国の武漢市は、長江の中流域にある都市で、人口は約1100万人(2018年)。中国中部における最大の都市です。

武漢市をおとずれて、最初におどろいたのは、空港や駅が新しくて、しかも大きくてモダンなこと。高速鉄道や高速道路も縦横に走っています。これらの多くは、2000年代後半に完成したもので、まだ10年とちょっとしかたっていないのです。市内の地下鉄は、1号線が2004年に開通したばかりなのに、2019年には9路線が走っています。郊外に出かけると、いたるところで高層ビルや道路が建設中です。夏目漱石の『三四郎』の中にあるこんな一節を思い出しました。

「(東京は) 凡ての物が破壊されつつあるように見える。そうして凡ての物がまた同時に建設されつつあるように見える。大変な動き方である。」

こうした建設ラッシュは武漢だけではありません。南寧市や桂平市でも、高層ビルが次つぎに建てられ、まちの風景はどんどんかわっていきます。

まちが大きくかわるいっぽう、かわらないものもあります。伝統的な工芸や芸術を受けついでいる人たちで、刺しゅう工房をいとなんでいる肖さんもその一人です。刺しゅうはたくさんの種類の色糸を布地にぬいつけて絵柄をつくりだす工芸で、2000年以上も前からおこなわれていました。今も蘇州をはじめ、中国のいろいろな都市に伝えられています。また、書家の呂さんは、唐の時代にさかのぼる書道にうちこんでいます。

▲武漢市郊外の農村地帯の家庭で、食卓を囲む筆者(中央)。

人びとの生活の中にも、長い間、受けつがれてきた慣習をうかがうことができます。家族や親せき、友人、客人など、会うとまずいっしょに食事をします。ごちそうを盛りつけた皿やどんぶりがいくつもならべられたテーブルをかこんで、おいしいものを食べることで会話もはずみ、おたがいの理解が深まっていきます。中国人の「おもてなし」の心にふれたひとときでした。

●監修
藤野 彰（中国問題ジャーナリスト、北海道大学名誉教授）

●取材協力（順不同・敬称略）
武漢光谷外国語学校／棉龍小学校／南斗星(武漢)教育投資有限公司／JICA／張国強／王維松／桑傑／呂龍飛／肖蘭／牙政橋／曹炳南／余細恵／王衛／嶋田孝治

●写真提供
武漢光谷外国語学校／JICA／大分市／張国強／王維松／桑傑／李春秀／文紅芬／朱智／高崎孝

●参考文献
藤野彰編著『現代中国を知るための52章［第6版］』(明石書店)
東洋文化研究会編『中国の暮らしと文化を知るための40章』(明石書店)
曽士才、西澤治彦、瀬川昌久編『暮らしがわかるアジア読本　中国』(河出書房新社)
『データブック オブ・ザ・ワールド 2020』(二宮書店)

●地図：株式会社平凡社地図出版
●校正：株式会社鷗来堂
●デザイン：株式会社クラップス（佐藤かおり、神田真里菜）

現地取材！　世界のくらし3
中 国

発行　2020年4月　第1刷
　　　2024年7月　第3刷

文・写真　：吉田忠正（よしだ ただまさ）
監修　：藤野彰（ふじの あきら）
発行者　：加藤裕樹
編集　：原田哲郎
発行所　：株式会社ポプラ社
〒141-8210　東京都品川区西五反田3-5-8 JR目黒MARCビル12階
ホームページ：www.poplar.co.jp
印刷　：TOPPANクロレ株式会社
製本　：株式会社ハッコー製本

ISBN978-4-591-16523-2
N.D.C.292/48P/29cm

現地取材！　世界のくらし

Aセット　全5巻（1～5）

1 日本	常見藤代／文・写真 アルバロ・ダビド・エルナンデス・エルナンデス／監修
2 韓国	関根淳／文・写真 李香鎮／監修
3 中国	吉田忠正／文・写真 藤野彰／監修
4 モンゴル	関根淳／文・写真 尾崎孝宏／監修
5 ネパール	吉田忠正／文・写真 藤倉達郎、ジギャン・クマル・タパ／監修

Bセット　全5巻（6～10）

6 フィリピン	関根淳／文・写真 寺田勇文／監修
7 インドネシア	常見藤代／文・写真 倉沢愛子／監修
8 マレーシア	東海林美紀／文・写真 新井卓治／監修
9 ベトナム	小原佐和子／文・写真 古田元夫／監修
10 タイ	小原佐和子／文・写真 馬場雄司／監修

続刊も
毎年度
刊行予定！

- 小学高学年～中学向き
- オールカラー
- A4変型判　各48ページ
- 図書館用特別堅牢製本図書